mjam
mhmmm
SUGAR
Sweets
Yeah
Baby
Yummy
SUGAR
mhmmm
Baby
miau
Yeah
mhmmm
mjam
Yummy
Yeah
Yummy
miau
Sweets
Sweets
SUGAR
mjam
yummy
miau
Baby
Yeah
Yeah
Baby
SUGAR
mhmmm
SUGAR
miau
Yummy
mjam
Baby
SUGAR
Sweets
Baby
sweets
miau
Yeah

SÜSSES ohne TIERE

Vegan Kochen & Backen

Impressum

Produktmanagement: Annika Genning, Franziska Sorgenfrei
Textredaktion: Manuela Krämer
Korrektur: Sabine Thorn
Umschlaggestaltung, Layout, Satz: Katharina Bretsch, Jumi Jami Illustration
Texte, Fotos und Rezepte: Katharina Bretsch
Repro: Repro Ludwig, Zell am See
Herstellung: Bettina Schippel

Gesamtherstellung
Verlagshaus GeraNova Bruckmann GmbH

Unser komplettes Programm finden Sie unter www.christian-verlag.de

Alle Angaben dieses Werkes wurden von der Autorin sorgfältig recherchiert und auf den neuesten Stand gebracht sowie vom Verlag geprüft. Für die Richtigkeit der Angaben kann jedoch keine Haftung übernommen werden.

Die Deutsche Nationalbibliothek verzeichnet diese Publikation in der Deutschen Nationalbibliografie; detaillierte bibliografische Daten sind im Internet über http://dnb.d-nb.de abrufbar.

☆☆☆☆☆

Sind Sie mit diesem Titel zufrieden?
Dann würden wir uns über Ihre Weiterempfehlung freuen. Erzählen Sie es im Freundeskreis, berichten Sie Ihrem Buchhändler oder bewerten Sie bei Onlinekauf. Und wenn Sie Kritik, Korrekturen, Aktualisierungen haben, freuen wir uns über Ihre Nachricht an

Christian Verlag
Postfach 40 02 09
D-80702 München
oder per E-Mail an lektorat@verlagshaus.de.

ISBN 978-3-86244-507-3

Wenn Euch meine süßen Ideen geschmeckt haben, schaut doch auch mal in mein anderes Kochbuch »Kochen ohne Tiere«, mit vielen veganen Rezepten, von Vorspeisen bis zu Desserts!
Eure **Katze**

SWEET
VEGAN

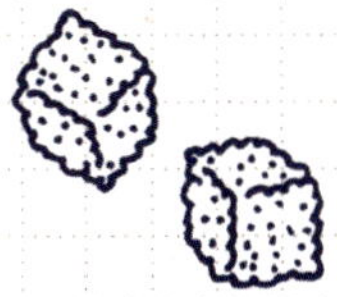

her mit dem Zucker ...

... köstlich, klebrig, cremig oder schaumig, aber vor allem süß! Vegan essen ist mittlerweile relativ einfach geworden, durch die vielfältige Restaurantlandschaft heißt das Motto heute zum Glück nicht mehr »Pommes und Salat mit extra Dressing«. Jedoch ist es mit veganen Süßspeisen etwas komplizierter. So bleibt im Großen und Ganzen der Hunger auf Zuckriges unbefriedigt und der Kochlöffel zuckt schon in der Hosentasche.

Doch bevor das Rührgerät im Zuckerrausch geschwungen werden kann, noch ein paar Grundsätze:

Glutenfrei – Gesondert gekennzeichnet durch eine kleine Banderole. Gluten ist ein Stoffgemisch aus Proteinen, auch Kleber oder Klebereiweiß genannt und kommt in den Samen von Getreide vor. Viele Menschen sind dagegen allergisch. Da fast alle Mehlsorten Gluten enthalten, ist es vor allem in der Dessertküche wichtig, auf glutenfreie Rezepte zu achten und Alternativen zu bieten.

Roh – Rohkost spielt in der veganen Ernährung eine immer größere Rolle. Es werden nur Speisen verzehrt, die nicht über 40 °C erhitzt oder anderweitig denaturiert wurden. So bleiben wesentlich mehr Inhaltsstoffe erhalten. Es soll gesagt sein, dass hier einige Rohkost-Rezepte nicht 100% roh sind, da sie am Ende mit Schokolade überzogen werden. Jedoch entspricht dies meinem persönlichen Empfinden, da ich alternative Schokoüberzüge aus Kakao und Kokosöl zu schwer finde. Gekennzeichnet sind die Rohkost-Rezepte ebenfalls durch eine Banderole. Alle rohen Desserts sind hier gleichzeitig auch glutenfrei.

Alkohol – In einigen Rezepten wird Alkohol verwendet, dieser kann aber meist auch weggelassen werden, da er zwar ein feines Aroma liefert, aber kein unverzichtbarer Bestandteil der Desserts ist. Gekennzeichnet sind diese Rezepte durch eine Flasche neben dem Titel.

Öl – in vielen Rezepten taucht Öl auf, hier sollte ein im Geschmack sehr mildes gewählt werden, wie zum Beispiel Rapsöl. Wenn Öl zum Braten verwendet wird, ist es nicht extra in der Zutatenliste aufgeführt.

Zeit – Die Zeitangaben der Desserts sind grobe Angaben, da bei komplexen Vorgängen jeder seine eigene Geschwindigkeit finden muss. Somit sollen sie Richtwerte sein, an denen man sich orientieren kann. Eine Zubereitungszeit von unter 30 Minuten ist mit einer Uhr gekennzeichnet. Eine Zubereitungszeit von 30–90 Minuten wird mit zwei Uhren beschrieben und aufwendige Rezepte von einer Dauer über 90 Minuten werden mit drei Uhren dargestellt.

"putt"
"putt"

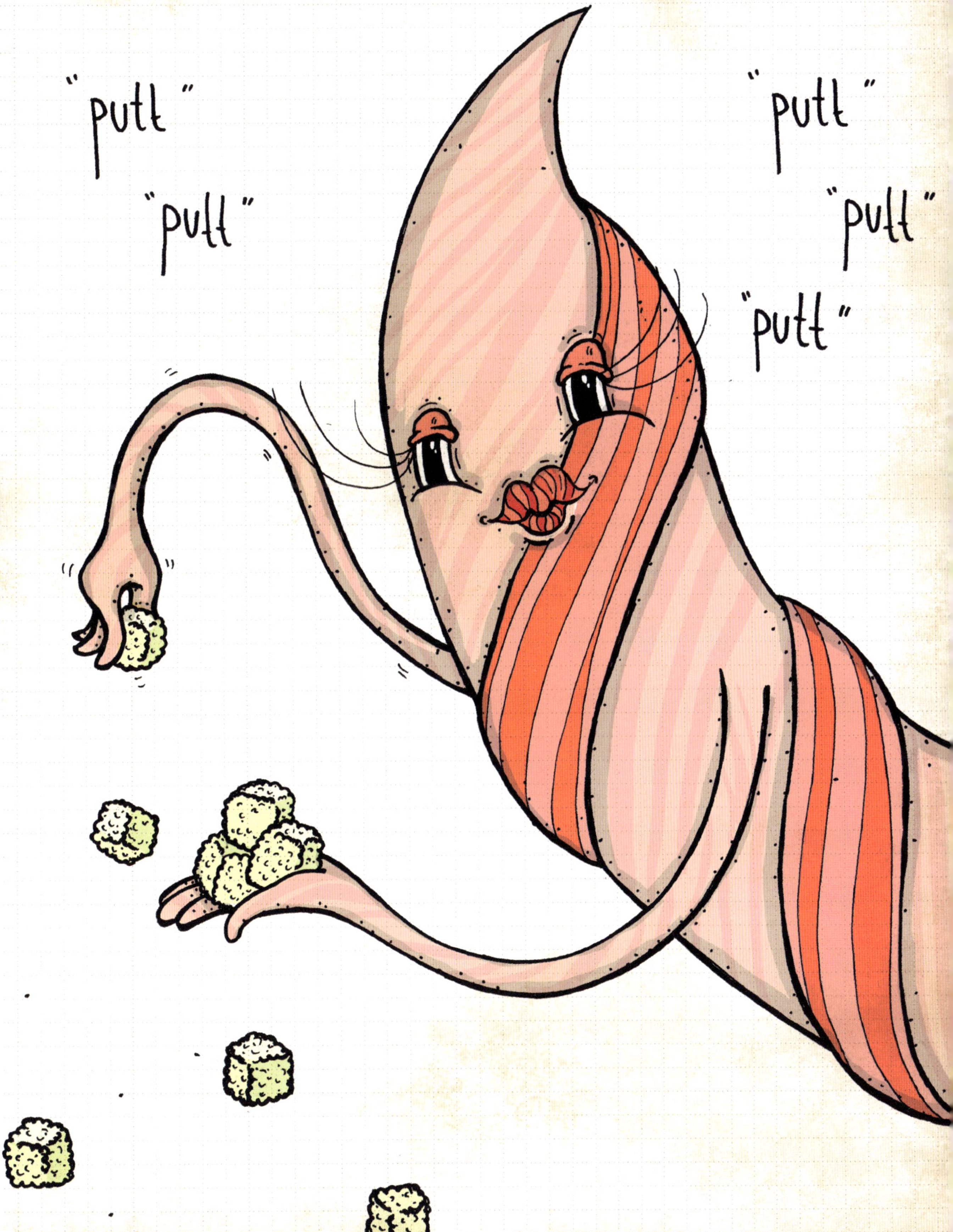
"putt"
"putt"
"putt"
"putt"
"putt"

Ähhh... Ersatzprodukte?

Aber was kannst du denn dann noch essen? Alles! Nur muss man eben etwas trickreicher kochen. Was wie zu ersetzen ist, soll hier kurz erklärt werden, um alle Tore zur veganen Küche zu öffnen.

Milch

Milch kann ganz einfach durch Sojamilch oder eine der vielen Alternativen, wie Mandel-, Hafer- oder Reismilch ersetzt werden.

Joghurt

Nahezu in jedem Supermarkt gibt es mittlerweile Sojajoghurt, dieser ist jedoch meist gesüßt, sodass man die angegebene Zuckermenge nach und nach zugeben sollte, um unter Abschmecken, den gewünschten Süßegrad zu erreichen. Die Rezepte in diesem Buch gehen von ungesüßtem Sojajoghurt aus.

Sahne

Je nach Art der Verwendung muss die Ersatzsahne ausgewählt werden, ob es sich hier um Hafer-, Kokos-, Reis oder Sojasahne handelt, hängt vom eigenen Geschmack ab. Wichtig ist, ob sie aufschlagbar ist oder nicht. Die reine Kochsahne lässt sich auch mit Zugabe von Standmitteln nicht schaumig schlagen und fällt somit für Tortencremes weg. Sie kann jedoch wunderbar für cremige Saucen eingesetzt werden.

Butter

Das Aroma von Butter kann man auf natürliche Weise kaum imitieren, die Eigenschaften jedoch schon. In den Rezepten wird Butter entweder durch Margarine oder durch Öl ersetzt. Bei der Margarine ist es wichtig, darauf zu achten, dass sie auch vegan ist, da oft Süßmolkenpulver oder Ähnliches zugesetzt ist. Zudem gibt es eine Reihe Zutaten, bei denen man nicht von Grund auf sicher sein kann, dass sie vegan sind. Wie zum Beispiel Vitamin D3, meist aus Wollfett/Lanolin oder Fischlebertran, und Mono- und Diglyceride aus Speisefettsäuren, welche auch tierischen Ursprungs sein können.

Ei

Auch beim Ersatz von Ei kommt es auf den Verwendungszweck an. Generell lässt sich ein Ei durch einen gehäuften EL Sojamehl und 2 EL Wasser ersetzen. Dies kann man noch durch verschiedene Gewichtungen von Mehl, Stärke und Kartoffelmehl unterstützen, um einen luftigen Biskuit zu erhalten. Auch die Zugabe von gemahlenem Leinsamen kann die Flexibilität eines Teiges erhöhen, Bananen können als Bindemittel eingesetzt werden. Ersatzprodukte sollten je nach der gewünschten Konsistenz und nach Geschmack verwendet werden.

Allgemeines ...

Generell muss jedoch jeder selbst entscheiden, wie streng er sich dem Veganismus widmet. Die einen essen Honig, die anderen nicht. Wichtig sollte eine Balance aus bewusstem Essen und der Freude daran sein.

Gelatine

Zum Festigen von Cremes wird in der konventionellen Küche meist Gelatine eingesetzt, doch diese ist nicht vegetarisch, geschweige denn vegan. Sie besteht aus tierischem Protein, was bedeutet, zur Herstellung werden beispielsweise Haut und Knochen verschiedener Tieren verarbeitet. Die Alternative ist Agar-Agar, ein Stoff, gewonnen aus Algen, erhältlich im Bioladen oder Asiamarkt. Wichtig ist, dass man das Pulver in Flüssigkeit richtig aufkocht, da es sonst nicht durchgeliert. In den Rezepten wird von offenem Agar-Agar-Pulver ausgegangen, nicht von vorportionierten Päckchen für 500 ml Flüssigkeit. 6 Blatt Gelatine werden generell durch 1 leicht gehäuften TL Agar-Agar-Pulver ersetzt. Gelierte Cremes eignen sich leider nicht zum Einfrieren, denn wieder aufgetaute Torten verlieren an Festigkeit und werden zu flüssig. Da die Qualitätsunterschiede und somit die Geliereigenschaften stark schwanken, ist zu empfehlen, 1 TL der gemischten Creme kurz ins Tiefkühlfach zu legen und nach einigen Minuten zu prüfen, ob die gewollte Konsistenz erreicht ist. Mit der Zugabe von Flüssigkeit kann einem zu starken Effekt entgegengewirkt werden. Falls zu wenig fest, sollte ein kleiner Teil der Creme nochmals mit etwas mehr Agar-Agar aufgekocht werden.

Kuvertüre

Schokolade und Kuvertüre lassen sich im Großen und Ganzen leicht durch Zartbittervarianten ersetzen, doch auch hier sollte ein Blick auf die Zutatenliste erfolgen, da oft Butter-Reinfett oder Molkenpulver zugesetzt werden.

Wein

Wein und Sekt sind eine heikle Angelegenheit, da die Grundstoffe Trauben, Zucker und Hefe zwar vegan sind, in der industriellen Verarbeitung jedoch Stoffe genutzt werden, die tierischen Ursprungs sind. Zum Beispiel kann zum Klären des Weines Gelatine oder auch Fischblase eingesetzt werden. Im Online-Handel und in Bioläden findet man eine gute Auswahl an veganen Weinen, diese sind meist schon mit dem Zusatz »vegan« ausgewiesen.

Springform

Es wird immer von einer Springform mit Ø 26 cm ausgegangen, außer im Rezept wird etwas anderes angegeben.

Backofen

Sofern nicht anders angegeben den Ofen auf Umluft einstellen. Für viele Rezepte muss es ganz heiß sein!

Br

unch

Brunch

UNGARISCH
WASSER
elisabeth

ergibt 12 Stück

Mini Limetten-Käsekuchen mit Rosmarin & Himbeere

Für den Mürbeteig
85 g Mehl
40 g Zucker
1 Pck. Vanillezucker
50 g Margarine
2 EL Sojamehl
1 EL Limettensaft
1 TL Abrieb von
1 unbehandelten Limette
1 Prise Salz

Für die Füllung
300 g Sojajoghurt
400 g Seidentofu
1 Vanilleschote
3 EL Rosmarinblättchen, gehackt
2 leicht gehäufte TL Agar-Agar
70 g Zucker
1 Prise Salz
Saft von 2 Limetten
Abrieb von 2 unbehandelten Limetten

250 g Himbeeren
(12 Himbeeren für die Dekoration beiseitelegen)

Alle Zutaten für den Mürbeteig gut verkneten und ½ Stunde kaltstellen.

Für die Füllung die Vanilleschote auskratzen. Den Joghurt in einem Topf erhitzen, den Seidentofu, das Vanillemark sowie die -schote hinzugeben und gut verrühren. Dann die Rosmarinblättchen mit dem Agar-Agar, Zucker, Salz, Limettensaft und -schale zur Joghurtmasse geben. Das Ganze 2 Minuten aufkochen, vom Herd nehmen und 10 Minuten bei aufgelegtem Deckel ziehen lassen. Anschließend die Vanilleschote herausnehmen.

Den Backofen auf 160 °C vorheizen. Den Teig aus dem Kühlschrank nehmen, ausrollen und größere Kreise als die Muffinförmchen ausstechen. Dann den Teig als Boden vorsichtig in eine mit Papiermanschetten ausgelegte Muffinform drücken, mit einer Gabel einstechen und 8 Minuten bei 160 °C backen. Anschließend den aufgeplusterten Teig mit einem Küchentuch vorsichtig wieder andrücken.

Die Himbeeren auf die Böden verteilen, die vorbereitete Füllung darübergießen und weitere 25 Minuten backen. Die Mini-Kuchen vor dem Lösen aus den Förmchen gut auskühlen lassen. Anschließend mit je 1 frischen Himbeere dekorieren.

Rosmarin war Bestandteil eines der ersten destillierten Parfüme, bei dem ätherisches Öl mit Alkohol kombiniert wird. Die Mischung wurde 1370 registriert und hieß nach der Königin Elisabeth von Ungarn (1305–1380) »Ungarisches Wasser«.

kommt Doch alles
von Schlehen + Kirschen
und so...

same same
but different

ZWETSCHGE

- lang
- Kern leicht lösbar
- behält die form beim Backen

- dick & Rund
- Kern schwer lösbar
- zerfällt beim Backen
Pflaume
ein Rosengewächs

ergibt 24 Stück

Mini-Zwetschgen-Cupcakes

Für die Streusel
50 g Mehl
30 g Margarine
50 g Zucker
½ TL Zimt
2 EL Zitronensaft
1 Prise Salz

Für den Teig
200 g Zwetschgen, entsteint
80 g Kartoffelmehl
130 g Zucker
80 g Mehl
2 EL Sojamehl
2 EL Öl
20 g gemahlene Mandeln
180 ml Sojamilch
Mark von 1 Vanilleschote
1 EL Zitronensaft
1 TL Zimt
½ TL Natron
1 Prise Salz

Den Backofen auf 180 °C vorheizen. Dann alle Zutaten für die Streusel gut verkneten und diese bis zur Weiterverarbeitung kaltstellen.

Die Zwetschgen in kleine Stücke schneiden. Alle übrigen Zutaten für den Teig vermengen und einige Minuten kräftig rühren. Anschließend die Zwetschgen unterheben.

Den Teig gleichmäßig in eine mit Papiermanschetten ausgelegte oder gefettete Mini-Muffin- oder Cupcake-Form (24 Stück) verteilen und 10 Minuten backen. Die Form aus dem Ofen nehmen, die gut gekühlten Streusel darüberkrümeln und weitere 10 Minuten backen. Dabei die letzten zwei Minuten mit eingeschalteter Grillfunktion bräunen.

Die Cupcakes vor dem Lösen aus der Form gut auskühlen lassen.

ergibt 12 Stück

Schokoladen-Zimt-Scones mit Erdbeercreme

Für den Teig
300 g Mehl
6 EL Kakao
3 EL Zimt
175 g Zucker
6 EL Öl
200 ml Sojamilch
1 Prise Salz
2 TL Backpulver
½ TL Natron

150 g Chocolate Chips

Für die Glasur
5 EL Puderzucker
Saft einer ½ Zitrone
1 TL Zimt

Für die Füllung
300 g Sojajoghurt
50 g Zucker
1 TL Agar-Agar
1 TL Zitronensaft
1 Prise Salz

200 g Erdbeeren

Den Backofen auf 200 °C vorheizen. Alle Zutaten für den Teig bis auf die Chocolate Chips gut verkneten. Zum Schluss die Chocolate Chips hinzugeben. Den Teig zu einem Rechteck von etwa 2 cm Dicke ausrollen, dieses anschließend in 12 Dreiecke schneiden. Die Dreiecke auf ein mit Backpapier ausgelegtes Backblech setzen und 20 Minuten bei 180 °C backen. Anschließend herausnehmen und auskühlen lassen.

Alle Zutaten für die Glasur verrühren und die erkalteten Scones damit bestreichen. Für die Füllung alle Zutaten bis auf die Erdbeeren in einem Topf erhitzen und 2 Minuten aufkochen, vom Herd nehmen und auskühlen lassen.

Die Erdbeeren putzen, würfeln und vorsichtig unter die Füllung heben. Abschließend die Scones der Länge nach aufschneiden und die Erdbeerfüllung hineingeben.

don't worry! no hurry
chrrr
chr
chrr
chr
chrr

ergibt 12 Stück

Blätterteig-Erdbeer-Spiesse

Für die Spieße
1 Rolle Blätterteig
10 EL Zucker
16 große Erdbeeren

etwas Puderzucker
12 Holzspieße

Den Backofen auf 180 °C vorheizen. Aus dem Blätterteig mit einem Servierring (Ø 5 cm) etwa 36 Kreise ausstechen und diese auf ein mit Backpapier ausgelegtes Backblech legen und 20 Minuten zu goldgelben »Ballons« backen.

10 EL Wasser mit dem Zucker zu Sirup einkochen. Dann die noch warmen Blätterteig-Ballons mit Zuckersirup bestreichen und auskühlen lassen.

Die Erdbeeren in Scheiben schneiden. Erdbeerscheiben und Blätterteig-Ballons abwechselnd auf die Spieße stecken und vor dem Servieren mit Puderzucker bestauben.

Blätterteig geht durch das Verdampfen des im Teig vorhandenen Wassers auf. Es dehnt sich dabei aus und hebt das Gebäck an. Die Fettschichten verhindern, dass der Wasserdampf entweichen kann.

TabeRNAEMONTANUS

DIE GRÜNEN BLÄTTER SIND
GUT ZU DEN ENTZÜNDUNGEN
UMFRESSENDEN GESCHWÄREN
UND ZU DEM WILDEN FEUR
DANN SIE DEN SCMERZEN LINDERN
DIE BLÄTTER MIT DEN INNERSTEN
RINDEN MIT WASSER UND ALAUN GEKOCHT
SIND GUT WIDER DIE MUNDFÄULE

ergibt 8-10 Stück

Stachelbeer-Tarte

500 g Sojajoghurt

Für den Mürbeteig
125 g Maismehl
125 g Kichererbsenmehl
50 g Stärke
3 EL Sojamehl
2 TL Leinsamen
150 g Zucker
150 g Margarine
3 EL Sojamilch
1 Prise Salz

Für die Füllung
250 g Stachelbeeren
200 g Tofu
150 g Zucker
1 Packung Vanillepuddingpulver (glutenfrei)
Mark von 1 Vanilleschote

50 g Johannisbeeren
50 g Stachelbeeren

Zur Vorbereitung am Abend vorher den Sojajoghurt in ein Küchentuch geben, das Ganze in ein hohes Gefäß hängen und dann über Nacht abtropfen lassen.

Alle Zutaten für den Mürbeteig gut verkneten und in Frischhaltefolie gewickelt 30 Minuten kaltstellen.

Den Backofen auf 200 °C vorheizen. Für die Füllung die Stachelbeeren mit dem abgetropften Joghurt, dem Tofu und dem Zucker pürieren. Das Ganze in einem Topf erhitzen, dann das Puddingpulver und das Vanillemark zugeben, unter Rühren einige Minuten aufkochen, anschließend etwas auskühlen lassen.

Den gut gekühlten Mürbeteig ausrollen, in eine mit Backpapier ausgelegte Springform geben und dabei einen etwa 2 cm hohen Rand formen. Dann den Teig 20 Minuten blind backen.

Die abgekühlte Füllung über den Mürbeteigboden gießen, die Beeren auf der Masse verteilen und die Tarte weitere 20 Minuten backen. Die Stachelbeer-Tarte vor dem Lösen aus der Form vollständig auskühlen lassen.

Die Stachelbeere wird vermutlich schon seit dem 14. oder 15. Jahrhundert angebaut. Der zitierte Text stammt aus dem Kräuterbuch des Tabernaemontanus (1520–1590) und beschreibt die Eigenschaften der Beere.

Glutenfrei

ergibt 12 Stück

Milchreiskuchen mit Nektarinen

Für den Mürbeteig
125 g Maismehl
125 g Kartoffelmehl
50 g Maisstärke
1 EL Leinsamen
150 g Zucker
125 g Margarine
1 Prise Salz

Für die Füllung
2 Vanilleschoten
250 g Milchreis
1 L Sojamilch
180 g Zucker
Saft und Abrieb von
1 unbehandelten Orange
Saft und Abrieb von
1 unbehandelten Zitrone

500 g Nektarinen, entsteint

Den Backofen auf 180 °C vorheizen. Dann alle Zutaten für den Mürbeteig gut verkneten und in Frischhaltefolie gewickelt 30 Minuten kaltstellen.

Für die Füllung die Vanilleschoten auskratzen. Den Milchreis zusammen mit der Sojamilch, dem Zucker, dem Vanillemark und den -schoten sowie dem Saft und Abrieb der Orange und der Zitrone kurz aufkochen und 40 Minuten mit geschlossenem Deckel bei geringer Hitze garen. Anschließend die Vanilleschoten herausnehmen und die Milchreisfüllung etwas abkühlen lassen.

Den Backofen auf 180 °C vorheizen. Dann die Nektarinen in Spalten schneiden.

Den gut gekühlten Mürbeteig ausrollen und in eine mit Backpapier ausgelegte Springform geben und dabei einen etwa 3 cm hohen Rand formen. Die Nektarinen gleichmäßig auf dem Boden verteilen, anschließend die Milchreisfüllung darübergeben.

Den Kuchen 35 Minuten backen, die letzten zwei Minuten mit eingeschalteter Grillfunktion bräunen und vor dem Lösen aus der Form vollständig auskühlen lassen.

Glutenfrei

ANTIOXIDANTIEN
BETANIN

ergibt 12 Stück

Rote-Bete-Muffins mit Pekannüssen

Für den Teig
250 g gekochte Rote Bete
60 g junger Ingwer, geschält
200 ml Sojamilch
4 EL Öl
70 g Pekannüsse, gehackt
165 g Mehl
65 g Kartoffelmehl
200 g Zucker
2 EL Sojamehl
2 EL Zitronensaft
Abrieb von ½ unbehandelten Zitrone
Mark von 1 Vanilleschote
1 TL Natron
1 ½ TL Backpulver
1 Prise Salz

Für die Glasur
20 g junger Ingwer, geschält
3 EL Wasser
2 EL Zitronensaft
80 g Puderzucker

Für die Dekoration
12 ganze Pekannüsse

Den Backofen auf 160 °C vorheizen. Für den Teig die Rote Bete mit dem Ingwer, der Sojamilch und dem Öl pürieren. Alle weiteren Zutaten hinzugeben und das Ganze gut vermengen. Den Teig vorsichtig in eine mit Papiermanschetten ausgelegte Muffinform drücken und 25 Minuten backen.

Inzwischen die Zutaten für die Glasur vermischen. Die Muffins vor dem Lösen aus den Förmchen gut auskühlen lassen, dann mit der Glasur bestreichen und mit je 1 Pekannuss dekorieren.

Der intensive Farbstoff der Roten Bete nennt sich Betanin und zählt zu den sekundären Pflanzenstoffen. Dem Betanin wird nachgesagt, vor Herz- und Gefäßerkrankungen zu schützen und durch die vielen Antioxidantien blutdruckregulierend und krebsvorbeugend zu sein.

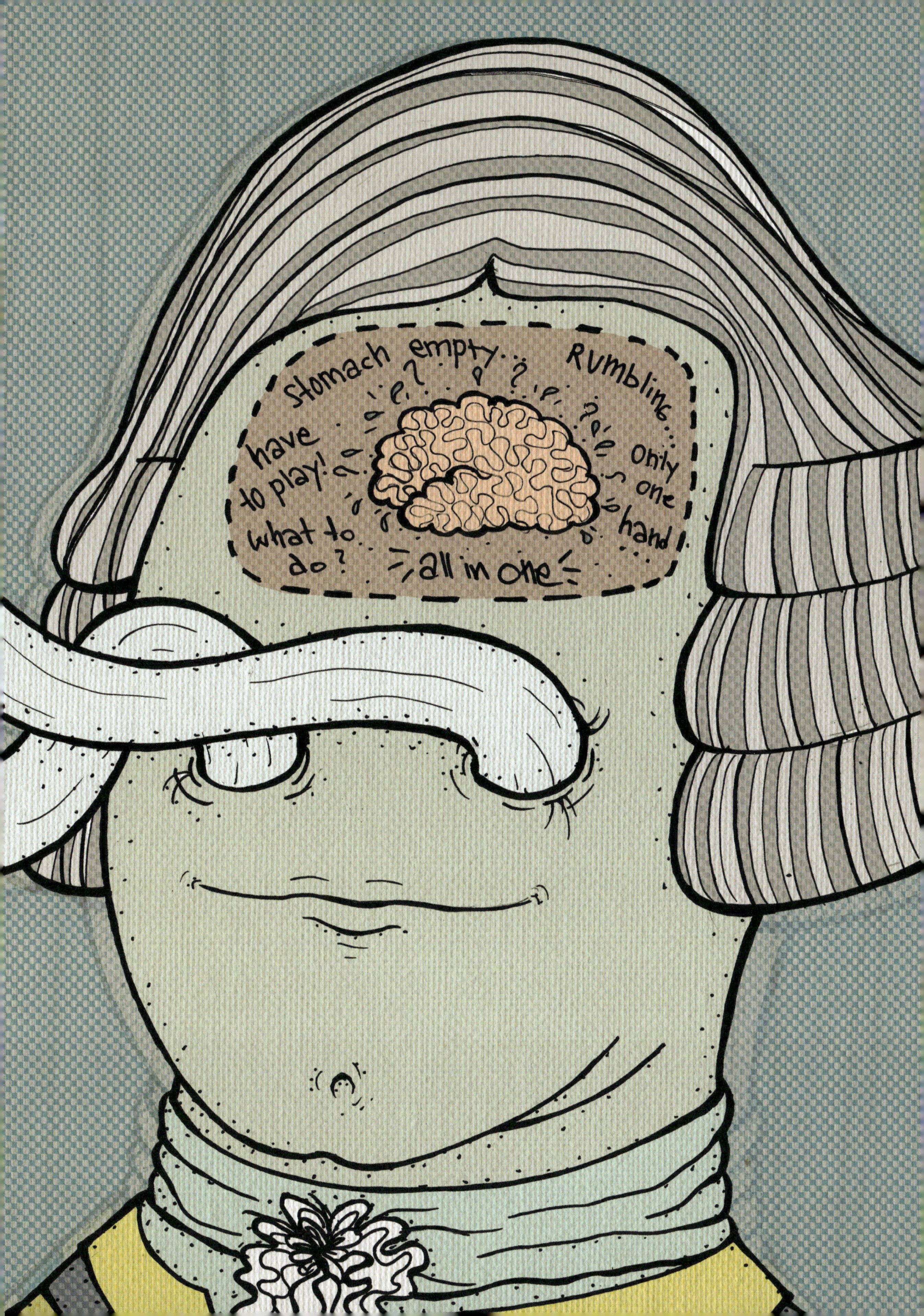
Stomach empty
Rumbling
have to play!
Only one hand
what to do?
all in one

ergibt 6 Stück

Cookie-Eis-Sandwich

Für die Creme
400 g Seidentofu
200 g Erdbeeren
50 g Kokosfett
70 g Zucker
50 g gemahlene Mandeln
2 EL Zitronensaft
Mark von 1 Vanilleschote

Für den Teig
100 g Mehl
1 EL Sojamehl
30 g Zucker
35 g Margarine
4 EL Sojamilch
½ TL Abrieb von
1 unbehandelten Zitrone
1 Msp. Backpulver
1 Prise Salz
30 g Schokostreusel

Für die Creme den Seidentofu in ein Küchentuch geben, das Ganze in ein hohes Gefäß hängen und mindestens 1 Stunde abtropfen lassen.

Die Erdbeeren mit dem abgetropften Seidentofu fein pürieren. Das Kokosöl schmelzen und leicht abkühlen lassen. Dann den Zucker, die Mandeln, den Zitronensaft und das Vanillemark hinzufügen und das Ganze gut vermengen. Die Creme in eine flache Form füllen und für 45 Minuten ins Tiefkühlfach geben.

Den Backofen auf 180 °C vorheizen. Dann alle Zutaten für den Teig bis auf die Schokostreusel gut verkneten. Anschließend die Schokostreusel einarbeiten. Aus dem Teig 6 gleich große Kugeln formen, diese zu etwa 3 mm dicken Keksen ausrollen. Anschließend auf ein mit Backpapier ausgelegtes Backblech geben und 15 Minuten backen. Dabei die letzten 2 Minuten mit eingeschalteter Grillfunktion bräunen. Die Kekse herausnehmen und auf einem Gitter auskühlen lassen.

Die gekühlte Erdbeercreme gut mit einer Gabel durchrühren und weitere 45 Minuten ins Tiefkühlfach stellen. Aus der fest gewordenen Creme 6 gleich große Kugeln formen. Diese zwischen Frischhaltefolie auf die Größe der Kekse flach drücken.

Für die Cookies je 2 Kekse mit 1 Scheibe Erdbeer-»Käsesahne« zusammensetzen und das Ganze vorsichtig andrücken. Die fertigen Cookies im Tiefkühlfach aufbewahren und etwa 15 Minuten vor dem Servieren in den Kühlschrank legen.

John Montagu, 4. Earl of Sandwich (1718–1792), war ein leidenschaftlicher Kartenspieler, die Legende besagt, dass aus diesem Grund das Sandwich erfunden wurde. Um sein Spiel nicht zu unterbrechen, orderte er eine Speise, die er direkt aus der freien Hand vertilgen konnte.

ergibt 12 Stück

Frozen Crunchy Brezel-Bananas

Für die Bananen
4 reife große Bananen
200 g Zartbitterkuvertüre
50 g Mini-Salzbrezeln (Brezelsnack)
50 g Haselnusskrokant
oder gehackte Nüsse

12 Holzspieße

Die Bananen in 12 gleichmäßige Stücke schneiden und auf je einen Holzspieß stecken. Die Bananenspießchen für 30 Minuten ins Tiefkühlfach geben.

Die Kuvertüre auf dem Wasserbad schmelzen.

Die Mini-Brezeln in einen Gefrierbeutel geben und mit einem Hammer oder Nudelholz fein zerbröseln. Zum Panieren die Brezelbrösel und den Haselnusskrokant in je ein Schälchen geben.

Dann die gekühlten Bananen am Stiel zunächst in die Kuvertüre tunken und gut abtropfen lassen. Anschließend die Schokobananen gleichmäßig von allen Seiten in der Brezel- und Nusspanade wenden.

Die Crunchy Brezel-Bananas zum Trocknen in ein Stück Styropor oder ähnliche Halterung stecken und das Ganze bis zum Servieren tiefkühlen.

Ägypten
LAGUZ
RUNE
CADWA LLADER
640
640
NERO
Porrohagus

ergibt 12 Stück

Süße Lauchtorte

Für den Mürbeteig
125 g Maismehl
125 g Kartoffelmehl
50 g Maisstärke
1 EL Leinsamen
150 g Zucker
125 g Margarine
1 Prise Salz

Für die Füllung
350 g Lauch
2 EL Öl
600 ml Sojasahne
80 g Zucker
1 EL Zitronensaft
1 TL Abrieb von
1 unbehandelten Zitrone
Mark von 1 Vanilleschote
2 TL Agar-Agar

Für die Dekoration
150 g Lauch
1 EL Öl
5 EL Zucker
3 EL Wasser

Alle Zutaten für den Mürbeteig gut verkneten und in Frischhaltefolie gewickelt 30 Minuten kaltstellen.

Für die Füllung den Lauch in feine Ringe schneiden und diese wenige Minuten in Öl glasig braten. Dann die Sojasahne, den Zucker, den Zitronensaft und -abrieb, das Vanillemark sowie den Agar-Agar dazugeben und das Ganze 2 Minuten lang kochen.

Den Backofen auf 180 °C vorheizen. Dann den gekühlten Teig ausrollen, in eine mit Backpapier ausgelegte Springform geben, einen Rand von etwa 3 cm Höhe formen und das Ganze 20 Minuten blind backen.

Anschließend die Lauchmasse vorsichtig über den Boden geben und den Kuchen weitere 25 Minuten backen. Vor dem Lösen aus der Form vollständig auskühlen lassen.

Im alten Ägypten soll der Lauch den Arbeitern, beim Pyramidenbau als Nahrung gedient haben. Kaiser Nero wurde als »Porrophagus« (Lauchfresser) bezeichnet, da er ihn wegen seiner Senföle sehr schätzte. Im Altgermanischen wurde er so verehrt, dass eine Rune nach ihm benannt wurde. Vom Britenkönig Cadwallader soll er um 640 als Erkennungszeichen für seine Truppen verwendet worden sein.

Glutenfrei

WINDEN
GEWÄCHS

NACHTSCHATTEN
GEWÄCHS

ergibt 8-10 Stück

Süßkartoffel-Pistazien-Tarte

Für den Mürbeteig
200 g Mehl
80 g Zucker
80 g Margarine
3 EL Sojamehl
Saft und Abrieb von
1 unbehandelten Zitrone
1 Prise Salz

Für die Füllung
600 g Süßkartoffel, geschält und gekocht
200 g Pistazien
100 ml Sojamilch
Saft und Abrieb von
1 unbehandelten Zitrone
80 g Zucker
3 EL Sojamehl
1 TL gemahlener Kardamom
1 TL gemahlener Zimt
1 TL gemahlener Koriander
30 g junger Ingwer, gehackt
1 TL Agar-Agar
¼ TL Salz

Alle Zutaten für den Mürbeteig gut verkneten und 30 Minuten kaltstellen.

Den Backofen auf 180 °C vorheizen.

Für die Füllung die Süßkartoffeln mit den Pistazien, der Sojamilch und dem Zitronensaft und -abrieb zu einer Creme pürieren. Die Creme in einem Topf erhitzen und alle restlichen Zutaten hinzufügen. Das Ganze unter Rühren 2 Minuten aufkochen. Danach etwas abkühlen lassen.

Den Teig ausrollen, in eine gefettete Springform geben und 15 Minuten blind backen.

Anschließend die Füllung auf den Teigboden geben und weitere 30 Minuten backen. Die Tarte vor dem Lösen aus der Form gut auskühlen lassen.

Im Gegensatz zur Kartoffel zählt die Süßkartoffel, trotz des gleichen Namens, nicht zu den Nachtschattengewächsen. Botanisch gesehen zählt sie zu den Windengewächsen.

ergibt 12 Stück

Kalter Erdbeerkuchen

Für den Boden
400 g Datteln
400 g Walnüsse
8 El Kakaopulver
100 g Zucker

Für die Füllung
500 g Erdbeeren
400 g Cashewkerne oder Mandeln
150 g Kokosöl
150 g Zucker
Saft und Abrieb von
2 unbehandelten Zitronen
Mark von 1 Vanilleschote

Topping
½ Packung Tortenguss rot
3 EL Zucker
1 EL Zitronensaft

Für den Boden die Datteln von den Kernen befreien und in einer Küchenmaschine zusammen mit den Walnüssen hacken. Anschließend mit dem Kakaopulver, dem Zucker sowie 6 EL Wasser zu einem Teig verkneten. Den Teig in 2 Hälften teilen, ausrollen, als Böden in 2 mit Backpapier ausgelegte Springformen geben und gut andrücken.

Für die Füllung die Erdbeeren mit den Cashewkernen fein pürieren. Das Kokosöl schmelzen und leicht abkühlen lassen. Dann den Zucker, den Zitronensaft und -abrieb sowie das Vanillemark hinzufügen und das Ganze gut vermengen. Die Erdbeerfüllung gleichmäßig auf beide Walnussböden verteilen und beide Springformen für 30 Minuten ins Tiefkühlfach geben.

Von einer Springform den Rand lösen, den gekühlten Inhalt vorsichtig auf die Erdbeerschicht in der zweiten Springform setzen und leicht andrücken.

Für das Topping den Tortenguss mit 125 ml Wasser, Zucker und Zitronensaft aufkochen und über den Kuchen geben. Den Kuchen für einige Stunden kaltstellen und erst kurz vor dem Servieren aus der Form lösen.

ergibt 12 Stück

Kalter Karotten-"Cheesecake"

200 g Mandeln

Für den Boden
200 g Haselnusskerne
200 g Datteln
1 EL Zitronensaft
1 Prise Salz

Für die Füllung
75 g Kokosöl
250 g Datteln
500 g Karotten, geraspelt
Saft und Abrieb von
½ unbehandelten Orange
Abrieb von 1 unbehandelten Zitrone
1 EL Zitronensaft
250 g Haselnusskerne, gemahlen
125 g Zucker
Mark von 2 Vanilleschoten
1 Prise Salz

Für die Creme
80 g Zucker
2 EL Zitronensaft
Abrieb ½ unbehandelten Zitrone
1 Prise Salz

Die Mandeln 1 Stunde in heißem Wasser quellen lassen.

Für den Boden die Datteln von den Kernen befreien und in einer Küchenmaschine zusammen mit den Haselnusskernen hacken. Anschließend mit dem Zitronensaft und dem Salz zu einem zähen Teig verkneten. Den Teig ausrollen, als Boden in eine mit Backpapier ausgelegte Springform geben und gut andrücken.

Für die Füllung das Kokosöl schmelzen und leicht abkühlen lassen. Dann mit den Datteln, den Karottenraspeln, dem Saft und Abrieb von Orange und Zitrone fein pürieren. Anschließend die gemahlenen Haselnusskerne, den Zucker, das Vanillemark und das Salz untermischen.

Die Füllung auf den Nussboden geben und das Ganze für 30 Minuten ins Tiefkühlfach geben.

Für die Creme die weich gequollenen Mandeln mit 30 ml Wasser, dem Zucker, Zitronensaft und -abrieb sowie dem Salz fein pürieren. Die Mandelcreme gleichmäßig auf den gut gekühlten Kuchen streichen. Den »Cheesecake« für einige Stunden kaltstellen und erst kurz vor dem Servieren vorsichtig aus der Form lösen.

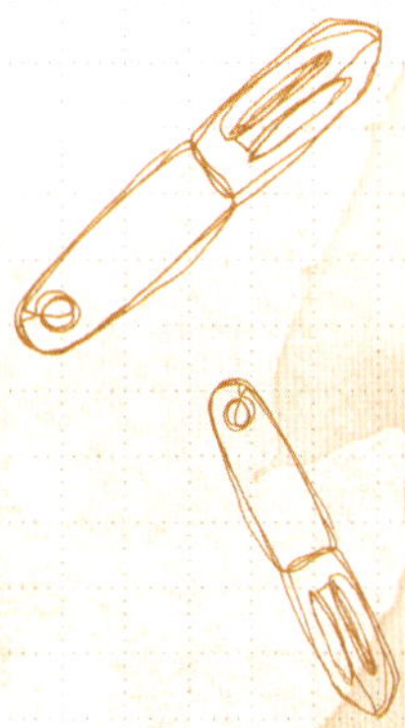

B-B-B-BEERE
GLEICHE BLÜTE ÖFFNET
TAG ∧
BRUNO BANAN
STEHT FÜR FRUCHTBARKEIT.
KLIMAKTERISCHE FRUCHT ≙ REIFT NACH
UNREIF
REIFUNG AM BODEN

SICH M/W
TAG 2
FUERTE
AHUACATL ≙ H*DEN
HASS
MU
TA
TION
GLÄNZT = UNREIF
MATT = TOP

ergibt 12 Stück

Avocado-Limetten-Tarte

Für den Boden
200 g Walnüsse
200 g getrocknete Aprikosen
1 Prise Salz

Für die Füllung
3 Avocados
150 g Zucker
Saft und Abrieb von
3 unbehandelten Limetten
50 g gemahlene Mandeln
1 Prise Salz

Für den Boden die Walnüsse und Aprikosen in der Küchenmaschine hacken und mit Salz und 1 EL Wasser zu einem zähen Teig verkneten. Den Teig gleichmäßig in eine mit Backpapier ausgelegte Springform geben und gut andrücken.

Für die Füllung die Avocados aufschneiden, den Stein herausnehmen und das Fleisch mit einem Löffel auskratzen. Das Avocadofleisch mit dem Zucker, dem Limettensaft und -abrieb, den Mandeln und dem Salz fein pürieren.

Die Avocadofüllung auf den Walnussboden geben und die Tarte bis zum Servieren einige Stunden kaltstellen.

ergibt 4 Stück

Kokos-Ananas-Törtchen

Für die Törtchen
1 große Ananas
70 g Kokosöl
300 g Kokosstreusel
50 g Sesam
Mark von 1 Vanilleschote
1 gehäufter TL Matchapulver
1 Prise Salz

Die Ananas schälen, 4 dünne Scheiben (etwa ½ cm dick) abschneiden und aus diesen mit einem Servierring (Ø 8 cm) 4 Kreise ausstechen. Die restliche Frucht fein würfeln.

Das Kokosöl schmelzen und leicht abkühlen lassen. Dann ⅔ der Ananaswürfel mit dem Kokosöl pürieren. Die Sesamsamen, die Kokosraspel, das Vanillemark, das Matchapulver und das Salz unter die Ananasmasse rühren. Je nach Süße noch Zucker hinzufügen.

Zum Formen des ersten Törtchens einen Ananaskreis mit dem Servierring umschließen. Dann ⅛ der Kokosmasse gleichmäßig darüber verteilen und leicht andrücken. Anschließend je eine Schicht Ananaswürfel daraufsetzen und wieder mit ⅛ der Kokosmasse bedecken. Das Törtchen von oben mit sanftem Druck aus dem Ring gleiten lassen und mit Ananaswürfeln und Sesamsamen verzieren.

So auch die anderen Törtchen fertigstellen und diese bis zum Servieren kaltstellen.

TROPAEOLUM
NO
KRESSE

ergibt 4 Portionen

Blütencrêpe mit Beerenjoghurt

Für den Beerenjoghurt
500 g Sojajoghurt
1 EL Zitronensaft
3 EL Zucker
250 g gemischte frische Beeren

Für den Teig
200 g Mehl
100 g Kartoffelmehl
50 g Stärke
80 g Zucker
2 EL Öl
Mark von 1 Vanilleschote
400 ml Sojamilch
1 Prise Salz

2 Schalen essbare Blüten
(z.B. Kapuzinerkresse)
Puderzucker zum Bestauben

Den Joghurt mit dem Zitronensaft und dem Zucker mischen. Dann 200 g der Beeren unterheben.

Alle Zutaten für den Teig vermengen und kräftig rühren. Die Blätter der essbaren Blüten abzupfen.

Bei geringer Hitze etwa 8 dünne Crêpes in einer beschichteten Pfanne braten. Dabei vor dem Wenden jeweils Blütenblätter auf die noch flüssige Oberseite streuen.

Einige Blütenblätter für die Dekoration zurückbehalten. Anschließend vorsichtig wenden und die fertigen Crêpes bis zum Servieren auf einem Teller zugedeckt warm halten.

Zum Servieren die Crêpes leicht gewellt auf einem Teller anrichten, den Beerenjoghurt dazugeben, mit den restlichen Blüten und Beeren verzieren und die Crêpes mit Puderzucker bestauben.

Die Namensgebung beruft sich vermutlich auf die schildförmigen Blätter der Kapuzinerkresse. Im Namen enthalten ist das Wort »tropaeum«, darunter verstand man einen mit Waffen behängten Baum, also ein Siegeszeichen.

Ich wollte doch nur Kirschen essen

uahahahaaaa!
mit uns is nich gut Kirschen essen...
haa haha ha...
haaha...
Rich Kids

ergibt 4 Portionen

Süßer Kartoffel-Auflauf

Für die Streusel
50 g Maismehl
30 g Margarine
50 g Zucker
½ TL Zimt
2 EL Zitronensaft
1 Prise Salz

Für den Auflauf
700 g festkochende Kartoffeln
800 ml Sojasahne
200 g Zucker
2 EL Zitronensaft
Abrieb von 1 unbehandelten Zitrone
1 Prise Salz

500 g Sauerkirschen, entsteint
Puderzucker zum Bestauben

Zunächst für die Streusel alle Zutaten gut verkneten und den Teig in den Kühlschrank legen.

Die Kartoffeln schälen und mit einer Reibe in feine Scheiben hobeln. Dann die Kartoffelscheiben mit der Sojasahne, dem Zucker, dem Zitronensaft und -abrieb und dem Salz bei geringer Hitze 20 Minuten kochen.

Den Backofen auf 200 °C vorheizen. Die Sauerkirschen gleichmäßig auf 4 Auflaufförmchen verteilen und die gekochten Kartoffeln mit dem Sud gleichmäßig darübergeben. Den Auflauf 10 Minuten backen, anschließend den Streuselteig darüberkrümeln und weitere 10 Minuten backen. Dabei die letzten zwei Minuten mit eingeschalteter Grillfunktion bräunen.

Den Auflauf etwas abkühlen lassen und mit Puderzucker bestaubt servieren.

»Mit dir ist nicht gut Kirschen essen!« Diese Redewendung geht bis ins Mittelalter zurück. Damals konnten sich nur wohlsituierte Menschen die seltenen und teuren Kirschen leisten. Saßen die Damen und Herren beim Kirschenessen zusammen, versuchten sich auch einfache Menschen dazuzugesellen. Entdeckte man diese ungeladenen Gäste, wurden sie kurzerhand mit Kirschkernen und -stielen bespuckt.

Glutenfrei

ergibt 12 Stück

Pancakes mit Blaubeeren

Für den Teig
300 g Mehl
100 g Kartoffelmehl
4 EL Sojamehl
3 TL Leinsamen gemahlen
250 g Zucker
50 ml Öl
350 ml Sojamilch
Mark von 1 Vanilleschote
1 EL Zitronensaft
1 TL Backpulver
1 Prise Salz

250 g Blaubeeren
Ahornsirup oder Agavendicksaft

Alle Zutaten für den Teig vermischen und kräftig rühren. Dann 200 g der Blaubeeren unterheben.

In einer beschichteten Pfanne bei mittlerer Hitze 12 Pancakes von beiden Seiten goldbraun braten.

Zum Servieren die Pancakes mit Ahornsirup oder Agavendicksaft beträufeln und die restlichen Blaubeeren darüberstreuen.

VÅFFELDAGEN
25 MARCH
you always need an excuse
to eat waffels

ergibt 4 Stück

Waffeln mit Johannisbeer-Mousse

Für den Teig
250 g Mehl
100 g Zucker
8 EL Öl
6 EL Sojamehl
1 TL gemahlene Leinsamen
1 EL Zitronensaft
Mark von 1 Vanilleschote
½ TL Backpulver
1 Prise Salz

Für die Mousse
150 g Johannisbeeren
200 g Sojajoghurt
2 EL Zucker
1 TL Agar-Agar
300 ml aufschlagbare Sojasahne, gut gekühlt
1 Pck. Sahnestandmittel

100 g Johannisbeeren

Alle Zutaten für den Teig vermengen, kräftig rühren und das Ganze etwa 15 Minuten quellen lassen.

Für die Mousse die Johannisbeeren mit dem Sojajoghurt, dem Zucker und dem Agar-Agar 2 Minuten kochen. Anschließend fein pürieren und unter gelegentlichem Rühren etwas abkühlen lassen.

Die kalte Sojasahne mit dem Sahnestandmittel steif schlagen. Dann nach und nach die Johannisbeermasse unterheben und die Mousse bis zur Verwendung kaltstellen.

Kurz vor dem Backen den Teig noch einmal kräftig durchrühren. Dann in einem Waffeleisen 4 Waffeln backen.

Zum Servieren die Waffeln mit der Mousse auf einem Teller anrichten und die restlichen Johannisbeeren darüberstreuen.

Die Einführung des Feiertages in Schweden beruht auf einem sprachlichen Missverständnis. Denn der 25. März war ursprünglich »Mariä Verkündigung«, auf schwedisch »vår fru dagen« (Tag unserer Frau). Spricht man »vår fru dagen« undeutlich aus, versteht man »våffeldagen« (Tag der Waffel). Und so kam Schweden durch Zufall zum Waffeltag.

ergibt 4 Portionen

Haselnuss-Himbeer-Tiramisu mit Zwieback

Für die Creme
25 g Kokosöl
400 g Sojajoghurt
30 g Zucker
1 EL Zitronensaft
1 TL Abrieb von
1 unbehandelten Zitrone
Mark von 1 Vanilleschote
1 TL Agar-Agar
300 g aufschlagbare Sojasahne,
gut gekühlt
1 Pck. Sahnestandmittel

500 g frische Himbeeren

100 g Dinkelzwieback
80 ml starker Kaffee
100 g Haselnusskrokant
100 g Haselnusskerne, gemahlen

Zur Vorbereitung am Abend vorher den Sojajoghurt in ein Küchentuch geben, das Ganze in ein hohes Gefäß hängen und dann über Nacht abtropfen lassen.

Für die Creme das Kokosöl schmelzen. Dann den Sojajoghurt mit dem Kokosöl, dem Zucker, dem Zitronensaft und -abrieb, der Vanilleschote und dem Agar-Agar 2 Minuten aufkochen und anschließend etwas abkühlen lassen.

Die kalte Sojasahne mit dem Sahnestandmittel etwa 5 Minuten steif schlagen. Dann die Joghurtmasse nach und nach unterheben.

Den Zwieback zerkrümeln und die Krümel auf den Boden von 4 Gläsern geben. Etwas Kaffee darübergießen und mit dem Krokant sowie den gemahlenen Haselnusskernen bestreuen. Dann die Himbeeren einfüllen und eine Schicht Creme darüber verteilen. In dieser Reihenfolge abwechselnd schichten, bis die Gläser voll sind.

Zum Schluss das Tiramisu mit Himbeeren dekorieren.

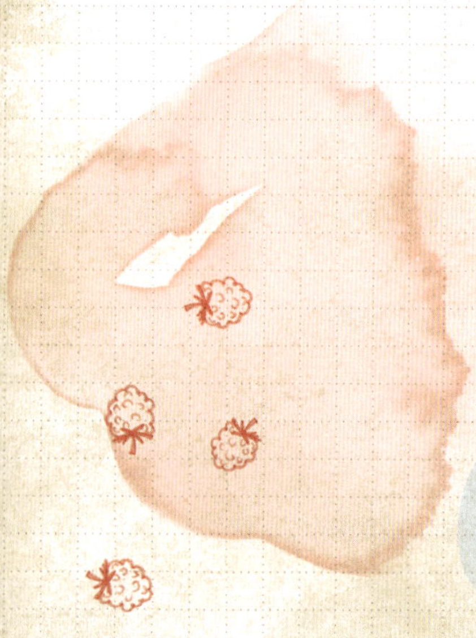

Da im Christentum die Walnuss für Fruchtbarkeit und die Frau steht, wurde sie teils auch als Symbol für Sünde und Wollust angesehen. So sollten auf jedem Blatt des Baumes Teufel und Hexen wohnen.

ergibt 4 Portionen

Papaya-Kokos-dessert

50 g Mandelsplitter
4 EL Zucker

Für die Fruchtsauce
1 große Papaya, entkernt
50 g Zucker
Mark von 1 Vanilleschote
3 TL Zitronensaft
½ TL Guakernmehl

Für die Creme
750 ml Kokosmilch
75 g Zucker
2 TL Zitronensaft
1 Pck. Vanillepuddingpulver

Die Mandeln in einer Pfanne rösten und mit dem Zucker karamellisieren.

Für die Fruchtsauce das Fruchtfleisch aus der Papaya schaben, in eine Schüssel geben und mit dem Zucker, dem Vanillemark, dem Zitronensaft und Guakernmehl fein pürieren.

Für die Creme die Kokosmilch mit dem Zucker und dem Zitronensaft in einem Topf zum Kochen bringen. Dann das Puddingpulver mit 3 EL der warmen Kokosmilch verrühren, in den Topf gießen und das Ganze unter Rühren aufkochen. Danach etwas abkühlen lassen.

In 4 Gläser je eine Schicht Kokoscreme gießen und diese mit den gerösteten Mandeln bestreuen. Dann eine Schicht Fruchtsauce darauf verteilen und das Ganze mit der restlichen Kokoscreme bedecken.

Das Dessert im Kühlschrank aufbewahren und kurz vor dem Servieren mit den restlichen Mandeln verzieren.

Glutenfrei

GLASNUDELN KOCHEN
REISPAPIER EINWEICHEN
ALLES REIN
FEST ROLLEN

ergibt 8 Stück

Süsse Sommerrollen mit Himbeer-Limetten-Dip

Für den Dip
125 g Himbeeren
4 EL Zucker
Saft und Abrieb von
1 unbehandelten Limette

Für die Füllung
100 g Reisnudeln
100 g Zucker
Saft von 1 Limette
½ TL Salz
1 EL Sesamöl
2 Kiwis
1 große Banane
250 g Beeren, gemischt

8 Reispapierplatten
etwas Puderzucker

Für den Dip die Himbeeren mit dem Zucker sowie dem Saft und Abrieb der Limette pürieren.

Für die Füllung Reisnudeln in 300 ml Wasser, Zucker, Limettensaft und Salz 5 Minuten gar ziehen lassen. Dann in einem Sieb abtropfen lassen und mit dem Sesamöl in eine Schale geben.

Die Reispapierplatten in warmem Wasser 2 Minuten einzeln einweichen.

Die Kiwis und die Banane in feine Scheiben schneiden.

Für die Rollen zunächst die Bananen- und Kiwischeiben auf ein Reispapierblatt legen, eine Lage Reisnudeln daraufgeben, mit den Beeren bestreuen und das Ganze fest zu einer Rolle rollen. So mit allen Platten verfahren.

Zum Servieren je 2 Rollen auf einem Teller anrichten, mit Puderzucker bestauben und den Dip dazu reichen.

glutenfrei

Q

ergibt 4 Portionen

Süsser Quinoa-Salat
mit Minz-Limetten-Joghurt

Für den Salat
120 g Zucker
½ TL Salz
400 g Quinoa
¼ Bund Minze
Saft und Abrieb von
3 unbehandelten Limetten
500 g gemischte Früchte oder Beeren

Für den Joghurt
500 g Sojajoghurt
¾ Bund Minze
Saft und Abrieb von 2 Limetten

1 l Wasser mit Zucker und Salz aufkochen. Dann das Quinoa hinzugeben, 20 Minuten bei geringer Hitze garen und weitere 10 Minuten ohne Hitzezufuhr quellen lassen. Anschließend auskühlen lassen.

Für den Joghurt die Minze hacken und mit dem Saft und Abrieb der Limetten vermengen. Anschließend 400 g der Beeren unterheben.

Für den Salat das Quinoa mit dem Saft und Abrieb der Limetten vermischen. Dann die Minze hacken und darunterheben.

Quinoa-Salat und Joghurt auf einem Teller anrichten und die restlichen Beeren darüberstreuen.

Peru ist eines der Hauptanbauländer für Quinoa. Dieses Fuchsschwanzgewächs stammt aus Südamerika, wo es seit 6000 Jahren ein Hauptnahrungsmittel ist. Es wurde besonders in den Hochebenen der Anden angebaut.

Glutenfrei

ergibt 4 Portionen

Frozen Yogurt mit karamellisiertem Müsli

Für den Frozen Yogurt
500 g Sojajoghurt
2 reife Bananen

160 g Müsli
6 EL Zucker
300 g aufschlagbare Sojasahne, gut gekühlt
1 Pck. Sahnestandmittel
50 g Zucker
2 EL Zitronensaft

500 g Sauerkirschen oder Beeren

Die Hälfte des Sojajoghurts in einer Eiswürfelform 2 Stunden tiefkühlen. Die Bananen in Scheiben schneiden und in einem Gefrierbeutel ebenfalls ins Tiefkühlfach geben.

Das Müsli in einer beschichteten Pfanne mit dem Zucker karamellisieren. Die kalte Sojasahne mit dem Sahnestandmittel steif schlagen und kaltstellen.

Die gefrorenen Bananenscheiben und die Joghurt-Eiswürfel mit der anderen Hälfte des Sojajoghurts, dem Zucker und dem Zitronensaft in einem Mixer zu einer gleichmäßigen Creme pürieren. Dann die Sojasahne unterheben und das Ganze für 45 min tiefkühlen. Nach 20 min umrühren und in einen Spritzbeutel füllen.

In 6 Schalen je eine Schicht Müsli geben, dann die Kirschen darüber verteilen. Dabei ein paar Kirschen für die Deko aufbewahren. Anschließend die Creme jeweils in Kreisen auf die Beeren spritzen und den Frozen Yogurt mit den restlichen Kirschen und Müsli bestreuen.

kaff

eeklatsch

Kaffeeklatsch

1930 Ruth Graves Wakefield
Choclate
chip
-Life ♥ Long-
NESTLÉ

ergibt 16 Stück

Peanut-Chocolate-Chip-Cookies

Für die Cookies
250 g Mehl
150 g Zucker
200 g Erdnussbutter mit Stückchen
125 ml Sojamilch
2 EL Sojamehl
1 TL Zitronensaft
Mark von 2 Vanilleschoten
1 TL Backpulver
1 TL Natron
1 Prise Salz

150 g vegane Chocolate-Chips

Den Backofen auf 230 °C vorheizen.

Alle Zutaten bis auf die Chocolate Chips gut verkneten. Anschließend die Chocolate Chips unterheben.

Aus dem Teig etwa 16 große Cookies mit einem Esslöffel auf ein mit Backpapier ausgelegtes Backblech setzen. Am besten mit etwas Abstand positionieren und den Teig abschließend leicht andrücken.

Die Cookies 20 Minuten backen und vor dem Lösen vom Papier gut auskühlen lassen.

Ruth Graves Wakefield erfand 1930 durch Zufall den Chocolate-Chip-Cookie. Ihr ging die Schokolade zum Backen aus und so mischte sie gehackte Zartbitterschokolade von Nestlé in den Teig. Zu ihrer Überraschung schmolz diese beim Backen nicht und der Cookie war geboren. Sie verkaufte das Rezept an Nestlé und erhielt im Gegenzug eine lebenslange Versorgung mit Chocolate Chips.

80°C

ergibt 20 Stück

Matcha-Kekse mit Sesamherz

Für die Kekse
220 g Mehl
125 g Zucker
200 g Margarine
2 EL Sojamehl
Saft und Abrieb von
1 unbehandelten Zitrone
Mark von 1 Vanilleschote
1 TL Backpulver
½ TL Natron
½ TL Salz

100 g Sesam
2 TL Matchapulver

Matcha nennt man einen zu feinstem Pulver vermahlenen Grüntee, der auch in der japanischen Teezeremonie verwendet wird.

Alle Zutaten bis auf den Sesam und das Matchapulver gut zu einem Teig verkneten. In einer Schüssel ⅔ des Teiges mit dem Matchapulver vermengen und in das übrige Drittel die Hälfte des Sesams einarbeiten. Falls die Teige zu trocken werden, einfach etwas Wasser zugeben.

Den grünen Matchateig zwischen Frischhaltfolie zu einem langem Rechteck ausrollen, dann mit dem restlichen Sesam bestreuen. Wieder mit Folie bedecken und so einrollen, dass die Sesamseite außen ist.

Den hellen Sesamteig auf die gleiche Länge zu einer Wurst formen und in die Mitte des ausgerollten grünen Matchateiges legen. Anschließend beide Teige zu einer Rolle einschlagen, diese in Folie wickeln und für etwa 1 Stunde in den Kühlschrank legen.

Die Teigrolle aus der Kühlung nehmen. Den Backofen auf 200 °C vorheizen. Den Teig in etwa 25 Scheiben schneiden. Die Scheiben auf ein mit Backpapier ausgelegtes Backblech legen und 20 Minuten backen. Anschließend herausnehmen, vorsichtig – mit dem Backpapier – auf ein Gitter ziehen und auskühlen lassen.

Matcha wird in einer richtiggehenden Zeremonie zubereitet. Etwa 2 g des Teepulvers werden in eine Matcha-Schale gegeben. Mit 100 ml 80 °C heißem Wasser übergossen und mit einem Bambusbesen, Cha-sen genannt, schaumig aufgeschlagen. Der Tee ist richtig gelungen, wenn der Schaum sehr hoch und fest ist.

ergibt 16 Stück

Zitronen-Mandel-Kekse mit getrockneten Blaubeeren

Für die Kekse
250 g Mehl
180 g Zucker
125 g Margarine
2 EL Sojamehl
Abrieb und Saft von
2 unbehandelten Zitronen
Mark von 2 Vanilleschoten
1 TL Backpulver
1 TL Natron
½ TL Salz

100 g Mandelsplitter
100 g getrocknete Blaubeeren

Den Backofen auf 230 °C vorheizen. Dann alle Zutaten bis auf die Mandelsplitter und die Blaubeeren gut verkneten. Anschließend die Mandeln und die Blaubeeren vorsichtig unterheben.

Aus dem Teig etwa 16 Kekse mit einem Esslöffel auf ein mit Backpapier ausgelegtes Backblech setzen. Am besten mit etwas Abstand positionieren und den Teig anschließend leicht andrücken.

Die Kekse 20 Minuten backen und vor dem Lösen vom Papier gut auskühlen lassen.

POPPY
POWER

ergibt 16 Stück

Zitronengras-Mohn-Kekse mit Limettenblättern

Für die Kekse
80 g Zitronengras
8 Limettenblätter
Saft von 2 Limetten
4 EL Sojamilch
300 g Mehl
2 EL Sojamehl
180 g Zucker
70 g Mohn
125 g Margarine
Abrieb von 2 unbehandelten Limetten
Mark von 1 Vanilleschote
1 TL Backpulver
1 TL Natron
½ TL Salz

150 g getrocknete ungesüßte Cranberrys

Den Backofen auf 230 °C vorheizen. Dann das Zitronengras erst grob hacken und anschließend mit den Limettenblättern, dem Limettensaft und der Sojamilch in der Küchenmaschine fein hacken.

Das Ganze mit allen weiteren Zutaten bis auf die Cranberrys gut verkneten. Zum Schluss die Cranberrys vorsichtig unterheben.

Aus dem Teig etwa 16 Kekse mit einem Esslöffel auf ein mit Backpapier ausgelegtes Backblech setzen. Am besten mit etwas Abstand positionieren und den Teig dann leicht andrücken.

Die Kekse 20 Minuten backen und vor dem Lösen vom Papier gut auskühlen lassen.

fünf Mandeln für's Glü
Langlebigkeit
Gesundheit
Fruchtbarkeit
Zuckersüsse Symbolik

CK
WOHLStand
FREUDE
Viva ITALIA 1350

ergibt 16 Stück

Orangen-Mandelkuchen mit Kokos-Frosting

Für den Teig
300 g Mehl
200 g Zucker
120 ml Sojamilch
75 g Margarine
4 EL Sojamehl
2 EL Zitronensaft
Abrieb von ½ unbehandelten Zitrone
Abrieb und Saft von
2 unbehandelten Orangen
1 Pck. Backpulver
2 TL Natron
150 g Mandelsplitter

Für das Frosting
300 g Kokosraspel
80 g Zucker
100 g Margarine
50 g weiches Kokosöl
Saft und Abrieb von
2 unbehandelten Zitronen
1 Prise Salz

Den Backofen auf 180 °C vorheizen. Dann für den Teig alle Zutaten bis auf die Mandelsplitter gut verrühren. Zum Schluss die Mandelsplitter unterheben und auf ein mit Backpapier ausgelegtes Backblech streichen.

Den Kuchen 25 Minuten backen, anschließend zum Auskühlen auf ein Gitter stürzen.

Für das Frosting unterdessen das Kokosöl und die Margarine schaumig schlagen, anschließend alle weiteren Zutaten unterheben und das Ganze kaltstellen.

Das Frosting auf den ausgekühlten Boden geben und den Kuchen vor dem Anschneiden mehrere Stunden kaltstellen oder 30 Minuten ins Tiefkühlfach geben.

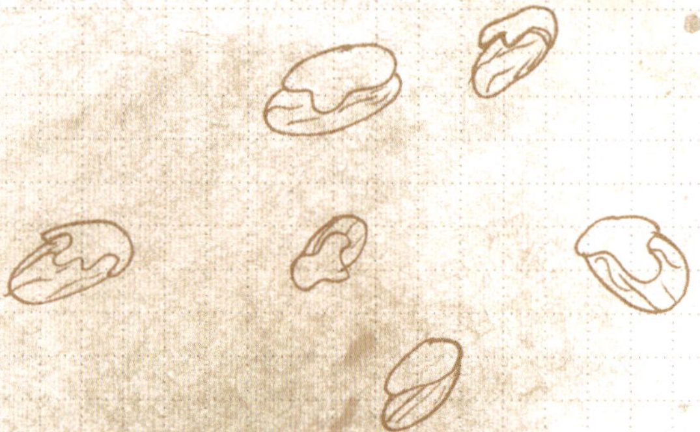

ergibt 12 Stück

Orangen-Chili-Cupcakes

Für den Teig
220 ml Sojamilch
3 rote Chilis
100 g Mehl
80 g Kartoffelmehl
3 EL Sojamehl
180 g Zucker
60 g Kakao
6 EL Öl
1 EL Zitronensaft
Abrieb von 3 unbehandelten Orangen
1 TL Backpulver
60 g Schokosplitter

Für das Frosting
100 g Margarine
200 g Puderzucker
4 EL Cointreau
Saft und Abrieb von
1 unbehandelten Orange

2 TL Orangenzesten

Den Backofen auf 180 °C vorheizen. Für den Teig die Chilis mit der Sojamilch pürieren. Dann alle weiteren Zutaten bis auf die Schokosplitter hinzufügen und einige Minuten kräftig rühren. Die Schokosplitter unterheben.

Den Teig vorsichtig in eine mit Papiermanschetten ausgelegte Muffinform geben, 20 Minuten backen und die Cupcakes in der Form auskühlen lassen.

Für das Frosting die Margarine cremig rühren. Dann den Puderzucker mit dem Cointreau sowie dem Orangensaft und -abrieb unterrühren. Das Ganze in einen Spritzbeutel füllen und diesen bis zur Verwendung in den Kühlschrank legen.

Die abgekühlten Cupcakes aus der Form lösen, das Frosting darüberspritzen und die Cupcakes mit Orangenzesten verzieren.

...
everything is...
everything is sooooo...
nach Henning Buchhagen
everything is sooo grey...
...wonderful colourful

ergibt 4 Portionen

Matcha-Crêpe-Cake mit Himbeercreme

Für den Teig
175 g Mehl
75 g Kartoffelmehl
30 g Maisstärke
60 g Zucker
1 El Öl
Mark von 1 Vanilleschote
2 gehäufte TL Matchapulver

Für die Creme
50 g Kokosöl
300 g Sojajoghurt
80 g Zucker
1 TL Abrieb von
1 unbehandelten Zitrone
1 gestrichener TL Agar-Agar
100 g Himbeeren
50 g Kokosraspel

Für den Teig alle Zutaten mit 125 ml Wasser vermengen und kräftig rühren.

Bei mittlerer Hitze 5 große Crêpes backen und diese auf einem Teller auskühlen lassen. Mit einem Servierring (Ø 6 cm) aus jedem Crêpe 6 Kreise ausstechen und aus den Crêpes-Resten 4 Rosen formen.

Für die Creme den Sojajoghurt mit dem Kokosöl, dem Zucker, dem Zitronenabrieb und dem Agar-Agar 2 Minuten aufkochen. Danach etwas auskühlen lassen, die Himbeeren dazugeben und das Ganze fein pürieren. Die Kokosraspel dazugeben und die Masse kaltstellen, bis sie streichfähig ist.

Je 4 Türmchen abwechselnd aus der Creme und den Crêpe-Kreisen schichten und die Crêpe-Cakes bis zum Servieren in den Kühlschrank stellen.

In der Legende »Der Himbeerfuchs« von Henning Buchhagen wird erzählt, wie der einst graue Fuchs Ferdinand zu seinem schönen leuchtend roten Pelz kommt. Je mehr Himbeeren er verspeiste, desto prächtiger und farbenfroher wurde das Fell.

Charlotte
nennt mich Ananas?
muss wohl Österreicherin sein
und doch nicht aus London...

ergibt 12 Stück

Geeiste Erbeer-Charlotte

Für den Biskuit
150 g Mehl
40 g Kartoffelstärke
40 g Stärke
180 g Zucker
6 EL Öl
5 EL Sojamehl
225 ml Mineralwasser
Mark von 1 Vanilleschote
1 TL Abrieb von
1 unbehandelten Zitrone
1 Prise Salz
1 Pck. Backpulver

200 g Erdbeermarmelade

Für den Boden
80 g Mehl
40 g gemahlene Mandeln
30 g Margarine
60 g Zucker
1 EL Sojamehl
1 EL Wasser

Für die Füllung
600 ml aufschlagbare Sojasahne, gut gekühlt
2 Pck. Sahnestandmittel
400 ml Sojamilch
100 g Zucker
5 TL Agar-Agar
Mark von 1 Vanilleschote
1 TL Abrieb und Saft von
1 unbehandelten Zitrone
500 g Erdbeeren, gewürfelt

Den Backofen auf 160 °C vorheizen. Dann alle Zutaten für den Biskuit bis auf das Backpulver vermengen und einige Minuten kräftig rühren. Das Backpulver dazugeben.

Den Teig auf ein mit Backpapier ausgelegtes Backblech streichen, 15 Minuten bei 160 °C backen und anschließend auf ein mit Zucker bestreutes Küchentuch stürzen.

Den lauwarmen Biskuit mit der Marmelade bestreichen und mit Hilfe des Küchentuchs aufrollen. Bis zur Verwendung kaltstellen. Alle Zutaten für den Boden verkneten und in eine mit Backpapier ausgelegte Springform drücken. Den Teig mit einer Gabel einstechen und 10 Minuten bei 200 °C backen.

Für die Füllung die kalte Sojasahne mit dem Sahnestandmittel etwa 5 Minuten steif schlagen und kaltstellen.

Die Sojamilch, den Zitronensaft und -abrieb mit dem Zucker, Agar-Agar und Vanillemark 2 Minuten bei geringer Hitze kochen. Danach etwas abkühlen lassen. Anschließend die Sahne und die Erdbeeren unterheben und das Ganze kaltstellen.

Eine große Schüssel (am besten mit konischer Form) mit Frischhaltefolie auslegen. Die Biskuitrolle in etwa 30 fingerbreite Stücke schneiden. Die Schüssel mit den Biskuit-»Schnecken« eng auskleiden und die Erdbeerfüllung hineingeben.

Den Boden aus der Springform nehmen, passend zur Größe der Schüssel zuschneiden und als Deckel über die Charlotte legen. Das Ganze mindestens 2 Stunden kaltstellen und 25 Minuten vor dem Servieren in den Tiefkühler geben. Die Charlotte vor dem Servieren auf eine Kuchenplatte stürzen und die Folie abziehen.

Die Charlotte wurde vermutlich vom französischen Küchenchef Marie-Antoine Carême Anfang des 19. Jahrhunderts in London kreiert. Er nannte sie »Charlotte à la parisienne«. In Österreich wurde früher der Begriff Ananas für Erdbeere benutzt, hergeleitet von der alten Bezeichnung »fragaria ananassa«.

ergibt 12 Stück

Mohn-Kirsch-Kuchen

Für den Mürbeteig
200 g Mehl
80 g Zucker
60 g Margarine
2 EL Sojamehl
1 EL Zitronensaft
Abrieb von ½ unbeh. Zitrone
Mark einer Vanilleschote
1 Prise Salz
1 TL Backpulver

Für die Mohnmasse
125 g Mohn
70 g Zucker
80 ml Sojamilch
40 g Margarine
1 TL Zitronensaft
1 TL Abrieb von 1 unbeh. Zitrone
2 TL Backpulver

Für die Füllung
1 Vanilleschote
500 g Sojajoghurt
400 g Seidentofu
2 TL (leicht gehäuft) Agar-Agar
70 g Zucker
1 Prise Salz
3 TL Zitronensaft
Abrieb von 1 unbeh. Zitrone

1 Glas Sauerkirschen (680 g)

Für die Dekoration
100 g Mehl
100 g Zucker
50 g Margarine
½ TL Abrieb von 1 unbeh. Zitrone
Mark einer Vanilleschote
½ Pck. gelatinefreier Tortenguss
125 ml Wasser
1 EL Zucker

Zur Vorbereitung am Abend vorher den Sojajoghurt in ein Küchentuch geben, das Ganze in ein hohes Gefäß hängen und dann über Nacht abtropfen lassen.

Alle Zutaten für den Mürbeteig gut verkneten und 30 Minuten kaltstellen. Für die Füllung die Vanilleschote auskratzen. Den abgetropften Joghurt in einem Topf erhitzen, den Seidentofu, das Vanillemark sowie die -schote hinzugeben und gut verrühren. Dann den Agar-Agar, den Zucker, das Salz, den Zitronensaft und -abrieb zufügen und das Ganze 2 Minuten aufkochen, vom Herd nehmen und 10 Minuten bei geschlossenem Deckel ziehen lassen. Anschließend die Vanilleschote herausnehmen.

Den Mohn mit dem Zucker, der Sojamilch und der Margarine in einem Topf erhitzen. Dann den Zitronensaft und den -abrieb dazugeben, alles gut vermengen und ohne weitere Hitzezufuhr quellen lassen. Anschließend die Mohnmasse zu der Joghurtmasse geben, das Backpulver unterrühren.

Die Sauerkirschen abtropfen lassen und leicht ausdrücken. Dann den Backofen auf 160 °C vorheizen. Den Teig ausrollen, in eine gefettete Springform geben, 15 Minuten blind backen. Die Füllung auf den Boden geben und mit den abgetropften Kirschen belegen. Den Kuchen 55 Minuten bei 160 °C backen.

Für die Streusel das Mehl mit dem Zucker, der Margarine, dem Zitronensaft und dem -abrieb verkneten und kaltstellen. Den Tortenguss mit 125 ml Wasser und Zucker nach Packungsanweisung verrühren und beiseite stellen. Den Kuchen aus dem Ofen nehmen, die Streusel darübergeben und noch mal 5 Minuten backen. Dann noch weitere 5 Minuten mit eingeschalteter Grillfunktion bräunen. Den Tortenguss über den fertigen Kuchen gießen und diesen vor dem Lösen aus der Form gut auskühlen lassen.

ergibt 12 Stück

Klassischer Apfel-Streuselkuchen

Für den Mürbeteig
180 g Kartoffelmehl
80 g Kichererbsenmehl
6 EL Sojamehl
250 g Zucker
150 g Margarine
100 g gemahlene Mandeln
1 TL Saft und Abrieb von
1 unbehandelten Zitrone
½ TL Zimt
1 Prise Salz

Für die Füllung
100 g Mandelsplitter
4 große Äpfel, entkernt und gewürfelt
200 g Zucker
1 TL Saft und Abrieb von
1 unbehandelten Zitrone
Mark von 1 Vanilleschote
½ TL Zimt

Den Backofen auf 180 °C vorheizen. Alle Zutaten für den Mürbeteig gut verkneten und in Frischhaltefolie gewickelt 30 Minuten kaltstellen.

Für die Füllung die Mandelsplitter in einer Pfanne rösten. Dann die Apfelwürfel mit dem Zucker vermischen und den Zitronensaft und -abrieb, das Vanillemark sowie den Zimt dazugeben.

⅔ des gekühlten Mürbeteigs ausrollen, in eine mit Backpapier ausgelegte Springform geben, einen Rand von etwa 3 cm formen und das Ganze 20 Minuten blind backen.

Die Apfelfüllung auf den Boden geben, den restlichen Mürbeteig als Streusel darüberkrümeln und den Kuchen weitere 40 Minuten backen. Vor dem Lösen aus der Form vollständig auskühlen lassen.

Schon in der Antike trugen Herrscher als Symbol der Vollkommenheit und der Erde den Reichsapfel. Eine verkleinerte Form der Weltkugel, die die Macht und Stärke zeigen sollte.

Glutenfrei

VICTORIA & LOUIS OF BATTENBERG
VICTORIA

ergibt 8 Stück

Battenbergkuchen

Für den Schokoladenteig
100 g Mehl
100 g Kartoffelmehl
60 g Stärke
50 g Kakao
5 EL Sojamehl
4 EL Öl
180 g Zucker
240 ml Mineralwasser
1 Prise Salz
1 TL Backpulver

Für den Orangenteig
125 g Mehl
125 g Kartoffelmehl
60 g Stärke
5 EL Sojamehl
4 EL Öl
160 g Zucker
225 ml Mineralwasser
½ TL Kurkuma
1 EL Orangenwasser
1 EL Zitronensaft
Mark von 1 Vanilleschote
1 Prise Salz
1 TL Backpulver

100 g Schokoladen-Nussaufstrich
400 g Marzipan
7 EL Kakao
100 g Orangenmarmelade

Den Backofen auf 180 °C vorheizen. Für den Schokoladenteig alle Zutaten vermengen und einige Minuten kräftig rühren. Den Teig in eine mit Backpapier ausgelegte Kastenform geben, 35 Minuten backen, etwas abkühlen lassen. Dann mit dem Papier herausheben und den Schokoladenboden zum vollständigen Auskühlen auf ein Gitter geben.

Ebenso den Orangenteig verarbeiten.

Beide Böden der Länge nach teilen und die 4 entstandenen Streifen in Höhe, Breite und Länge exakt gleich zuschneiden.

Für das Karomuster einen Orangen-Streifen an der Seite mit Schokoladen-Nussaufstrich bestreichen und einen Schokoladenstreifen seitlich »ankleben«. Dann vorsichtig etwas Schokoladen-Nussaufstrich auf die Oberfläche des zweifarbigen Teigbodens verteilen. Nun die Seite eines weiteren Schoko-Streifens wieder mit Aufstrich versehen, diesen auf den Orangenboden-Teil setzen. Den übrigen Orangenstreifen neben den Schoko-Streifen setzen und das Ganze vorsichtig andrücken.

Das Marzipan mit 6 EL Wasser und 4 EL Kakao verkneten. Dann das Schokoladen-Marzipan zwischen Klarsichtfolie etwa 2 mm dünn so groß ausrollen, dass der Kuchen darin eingewickelt werden kann.

Den Kuchen ringsherum mit der Marmelade bestreichen und ihn auf das ausgerollte Marzipan setzen. Dann das Marzipan mit Hilfe der Folie als »Mantel« über den Kuchen legen und die Enden auf der Unterseite gut andrücken. Zum Schluss sanft mit dem restlichen Kakao einreiben.

Zum Servieren den Battenbergkuchen in Scheiben schneiden.

Der Battenbergkuchen wurde 1884 zu Ehren der Hochzeit von Königin Victorias Enkelin mit Louis, einem der Battenberg-Prinzen kreiert. Die 4 Quadrate sollen für die vier Prinzen der Battenbergs stehen: Louis, Alexander, Henry und Francis Joseph.

ergibt 12 Stück

Double-Chocolate-Cake

Für den Biskuit
180 g Mehl
100 g Stärke
50 g Kakao
200 g Zucker
6 EL Öl
5 EL Sojamehl
250 ml Mineralwasser
2 EL Zitronensaft
1 Prise Salz
2 TL Backpulver

Für die Füllung
300 g Zartbitterschokolade, gehackt
50 g Kokosöl
800 ml Tofu
150 g Margarine
40 g Zucker
200 ml Wasser
2 EL Zitronensaft
70 g Puderzucker

Für das Frosting
60 g Kakao
180 g Puderzucker

100 g Kokosraspel
30 g Schokoladentropfen

Den Backofen auf 160 °C vorheizen. Dann alle Zutaten für den Biskuit bis auf das Backpulver vermengen und einige Minuten kräftig rühren. Das Backpulver hinzugeben. Den Teig in eine mit Backpapier ausgelegte Springform geben, 35 Minuten backen, etwas abkühlen lassen.

Für die Füllung die Schokolade auf einem Wasserbad schmelzen. Das Kokosöl in einem Topf bei schwacher Hitze schmelzen. Dann zusammen mit dem Tofu, der Margarine, dem Zucker, Wasser und Zitronensaft fein pürieren. Anschließend die Schokolade und den Puderzucker unterrühren.

Für das Frosting die Hälfte der Füllung mit dem Kakao und dem Puderzucker vermengen.

Den Biskuit quer in der Mitte durchschneiden. Die obere Hälfte zur Seite legen, die untere als Tortenboden auf eine Platte geben und mit einem Tortenring umschließen. Die Schokoladenfüllung gleichmäßig auf den Boden verteilen. Dann den zweiten Boden auflegen und die Torte für 30 Minuten ins Tiefkühlfach stellen.

Die gut gekühlte Torte vom Tortenring befreien und das Frosting auf die Seiten und den Deckel streichen. Auf der Oberseite sollte das Frosting etwas dicker aufgetragen werden. Anschließend die Kokosraspel gleichmäßig darüber verteilen und andrücken. Die Torte mit den Schokoladentropfen verzieren und bis zum Servieren im Kühlschrank aufbewahren.

we love it...
Vitamin E
25G pro Tag
Magnesium
Riboflavin
Eisen
Calcium
Phosphor
ungesättigte Fette
Kalium

ergibt 12 Stück

Himbeer-Haselnuss-Torte

Für den Biskuit
180 g Mehl
125 g Kartoffelmehl
50 g Stärke
80 g gemahlene Haselnusskerne
200 g Zucker
6 EL Öl
5 EL Sojamehl
270 ml Mineralwasser
Saft und Abrieb von
1 unbehandelten Zitrone
1 Prise Salz
1 Pck. Backpulver

Für die Füllung
600 ml aufschlagbare Sojasahne, gut gekühlt
2 Pck. Sahnestandmittel
150 ml Sojamilch
75 g Kokosöl
80 g Zucker
5 TL Agar-Agar
Mark von 1 Vanilleschote
500 g Himbeeren

Für das Frosting
100 g weiche Margarine
25 g weiches Kokosöl
250 g Puderzucker

10 Himbeeren zur Deko
10 ganze Haselnusskerne
70 g Haselnusskrokant

Den Backofen auf 160 °C vorheizen. Dann alle Zutaten für den Biskuit bis auf das Backpulver vermengen und einige Minuten kräftig rühren. Dann das Backpulver hinzugeben. Den Teig in eine mit Backpapier ausgelegte Springform geben, 35 Minuten backen, etwas abkühlen lassen.

Den Rand vom Biskuit vorsichtig lösen und zum Auskühlen auf ein Gitter stürzen. Anschließend quer in der Mitte durchschneiden. Die obere Hälfte zur Seite legen, die untere als Tortenboden auf eine Platte geben und mit einem Tortenring umschließen.

Für die Füllung die kalte Sojasahne mit dem Sahnestandmittel etwa 5 Minuten steif schlagen und kaltstellen.

Die Sojamilch mit dem Kokosöl, Zucker, Agar-Agar und Vanillemark bei geringer Hitze 2 Minuten kochen. Danach etwas abkühlen lassen. Die Himbeeren bis auf 10 Stück pürieren, durch ein Sieb streichen und unter die Sojamilch geben. Anschließend die Sahne unterheben und das Ganze kaltstellen.

Die Hälfte der Füllung gleichmäßig auf dem Biskuitboden verteilen. Den zweiten Boden auflegen, mit der restlichen Füllung bedecken und die Torte für 30 Minuten ins Tiefkühlfach geben.

Für das Frosting die Margarine und das Kokosöl schaumig schlagen, anschließend den Puderzucker unterheben und das Ganze kaltstellen.

Für die Dekoration etwa ⅕ des Frostings beiseite stellen. Die gut gekühlte Torte vom Tortenring befreien und das Frosting gleichmäßig auf die Seiten streichen.

Anschließend den Haselnusskrokant gleichmäßig darüber verteilen und andrücken. Aus dem restlichen Frosting mit einer Spritztülle kleine Röschen auf die Torte tupfen und diese mit den Himbeeren, den gemahlenen und den ganzen Nüssen dekorieren. Bis zum Servieren im Kühlschrank aufbewahren.

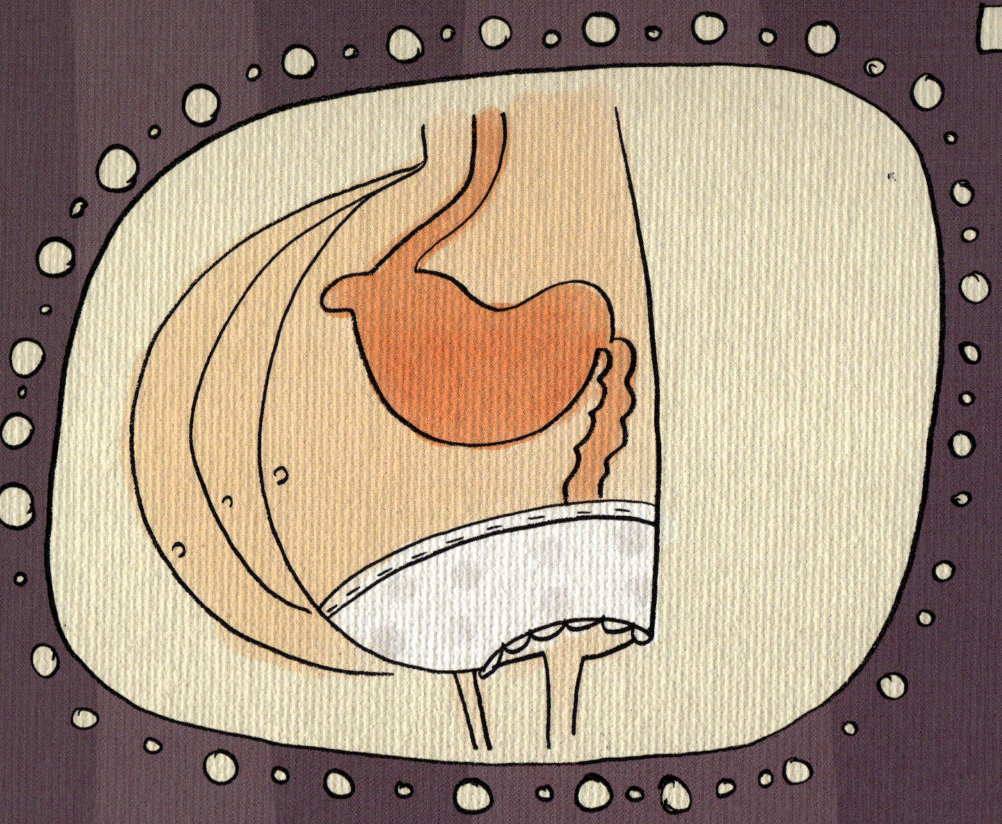

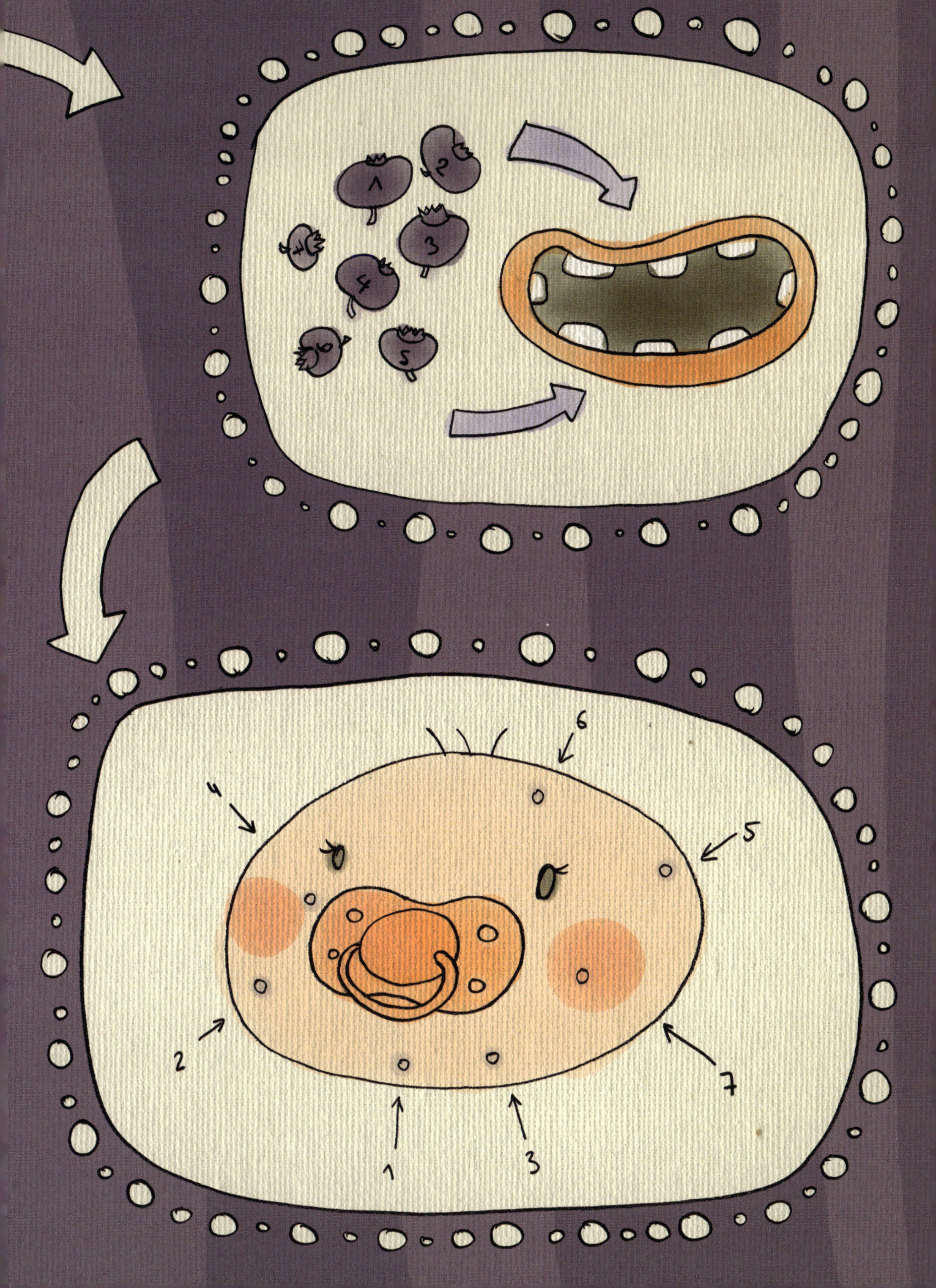

1
2
3
4
5
6
7
6
4
5
2
7
1
3

ergibt 12 Stück

Biskuitrolle mit Blaubeercreme

Für die Creme
50 g Kokosfett
150 ml Sojamilch
80 g Zucker
250 g Blaubeeren
Mark von 1 Vanilleschote
1 TL Saft und Abrieb von
1 unbehandelten Zitrone
2 TL Agar-Agar
250 g Blaubeergelee
300 ml aufschlagbare Sojasahne, gut gekühlt
1 Pck. Sahnestandmittel

Für den Biskuit
125 g Mehl
125 Kartoffelmehl
50 g Stärke
6 El Sojamehl
2 EL Leinsamen
160 g Zucker
6 El Öl
275 ml Mineralwasser
Mark von 1 Vanilleschote
Saft und Abrieb von
½ unbehandelten Zitrone
½ TL Natron
1 Pck. Backpulver
1 Prise Salz

etwas Puderzucker

Für die Creme das Kokosfett schmelzen und leicht abkühlen lassen. Dann die Sojamilch mit dem Kokosfett, dem Zucker, den Blaubeeren, dem Vanillemark, dem Zitronensaft und -abrieb sowie dem Agar-Agar 2 Minuten kochen. Anschließend die Blaubeermasse fein pürieren und etwas abkühlen lassen.

Die kalte Sojasahne mit dem Sahnestandmittel etwa 5 Minuten steif schlagen und nach und nach die Blaubeermasse unterheben.

Den Backofen auf 160 °C vorheizen. Dann alle Zutaten für den Biskuit bis auf das Backpulver vermengen und einige Minuten kräftig rühren. Das Backpulver zugeben. Den Teig auf ein mit Backpapier ausgelegtes Backblech streichen und 15 Minuten backen.

Ein Küchentuch ausbreiten, mit einem Backpapier bedecken und dieses mit Zucker bestreuen. Den Biskuit aus dem Ofen nehmen und mit dem warmen Backpapier des Biskuits zügig auf das gezuckerte Backpapier stürzen. Die Rückseite des Biskuit-Backpapiers mit einem feuchten Tuch abwischen und dabei vorsichtig das Papier abziehen.

Den noch warmen Biskuitboden mit Blaubeergelee bestreichen. Dann die Creme darauf verteilen und dabei am oberen Rand etwa 5 cm frei lassen.

Den Biskuit mit Hilfe des Backpapiers und des Küchentuches vorsichtig von der langen Seite aufrollen. Dabei sollte das Ende der Rolle zum Schluss unten liegen.

Die Biskuitrolle in Papier und Tuch gewickelt in den Kühlschrank stellen. Kurz vor dem Servieren auswickeln, auf eine Tortenplatte geben und mit Puderzucker bestreuen.

Ein Volksglaube: Wenn eine Schwangere Schwarzbeeren pflückt, bekommt das Kind viele schwarze Muttermale.

ergibt 16 Stück

Maracuja-Mohn-Törtchen

Für den Biskuit
360 g Mehl
200 g Stärke
120 g Mohn
400 g Zucker
12 EL Öl
8 EL Sojamehl
500 ml Mineralwasser
Mark von 2 Vanilleschoten
Saft und Abrieb von
1 unbehandelten Zitrone
1 gestrichener TL Kurkuma
1 Prise Salz
1 Pck. Backpulver

Für das Topping
100 g Kokosöl
3 Maracujas,
geschält und entkernt
1 kg Tofu
100 g Margarine
Mark von 1 Vanilleschote
50 ml Rote-Bete-Saft
400 g Kokosraspel
350 g Zucker

20 g getrocknete Blüten

Den Backofen auf 160 °C vorheizen. Dann alle Zutaten für den Biskuit bis auf das Backpulver vermengen und einige Minuten kräftig rühren. Dann erst das Backpulver zugeben. Den Teig auf ein mit Backpapier ausgelegtes Backblech streichen, 15 Minuten backen, anschließend zum Auskühlen auf ein Gitter stürzen.

Für das Topping das Kokosöl schmelzen und leicht abkühlen lassen. Dann die Maracujas mit dem Kokosöl, dem Tofu, der Margarine, dem Vanillemark und dem Rote-Bete-Saft pürieren. Anschließend die Kokosraspel und den Zucker zur Maracuja-Masse hinzufügen und das Ganze zu einer homogenen Masse verarbeiten.

Das Maracuja-Topping gleichmäßig auf dem Biskuitboden verteilen und zusammen für 15 Minuten ins Tiefkühlfach geben.

Mit einem Servierring (Ø 8 cm) aus dem Maracuja-Biskuit etwa 16 Törtchen ausstechen und diese mit den getrockneten Blüten verzieren.

PROVITAMIN A 200G mango ≙ 1mg
100% Tagesbedarf
VITAMIN C 200G mango ≙ 74G
75% Tagesbedarf
PRO Zellvermehrung Immunsystem & Sehkraft

ergibt 12 Stück

Mango-Mandel-Kuchen

300 g Mandeln

Für den Boden
200 g gemahlene Haselnüsse
200 g getrocknete Aprikosen
1 EL Zitronensaft
1 Prise Salz

Für die Mandel-Füllung
50 g Kokosöl
150 g Kokosraspel
130 g Zucker
Saft und Abrieb von
1 unbehandelten Limette
1 Prise Salz

Für die Mango-Füllung
25 g Kokosöl
2 große Mangos,
geschält und entkernt
150 g getrocknete Aprikosen
1 reife Banane
130 g Zucker

Die Mandeln mindestens 1 Stunde in Wasser einweichen.

Für den Boden die Haselnusskerne und Aprikosen in der Küchenmaschine hacken und mit Zitronensaft und Salz zu einem zähen Teig verkneten. Den Teig gleichmäßig in eine mit Backpapier ausgelegte Springform geben und gut andrücken.

Für die Mandelcreme das Kokosöl schmelzen und abkühlen lassen. Dann die Mandeln mit dem Kokosöl, den Kokosraspeln, dem Zucker, dem Limettensaft und -abrieb, dem Salz und 100 ml Wasser fein pürieren.

Die Creme über den Boden streichen und das Ganze für 30 Minuten ins Tiefkühlfach geben.

Für die Mango-Füllung das Kokosöl schmelzen und abkühlen lassen. Dann mit allen weiteren Zutaten und 100 ml Wasser fein pürieren.

Die Mangocreme gleichmäßig auf den gut gekühlten Kuchen streichen. Den Mango-Mandel-Kuchen für einige Stunden kaltstellen und erst kurz vor dem Servieren aus der Form lösen.

Glutenfrei | RAW

TITANIA
"SP"
"FEED HIM WITH APRICOTS..."

SOMMERNACHTSTRAUM

ergibt 12 Stück

Filoteig-Aprikosen-Torte

Für die Füllung
100 g gehackte Mandeln
100 g Marzipan
125 g Zucker
80 g gehackte Pistazien

Für den Teig
60 g Margarine
7 Filoteigblätter

350 g Aprikosen, entkernt und geviertelt
50 g Zucker

etwas Puderzucker

Den Backofen auf 180 °C vorheizen.

Für die Füllung die gehackten Mandeln in der Pfanne rösten und etwas abkühlen lassen. Dann das Marzipan zerbröseln und zusammen mit den gerösteten Mandeln, dem Zucker und den Pistazien mischen.

Die Margarine in einem Topf schmelzen. 5 Filoteigblätter jeweils mit der flüssigen Margarine bestreichen und als Boden in eine Springform drücken, dass der Boden bedeckt ist und der Teig etwa 7 cm auf allen Seiten über den Rand hängt.

Die Aprikosenviertel auf dem Boden verteilen und mit dem Zucker bestreuen. Dann die Füllung darübergeben und den Teig über der Füllung zuklappen, sodass die Decke ganz geschlossen ist.

Für die Dekoration die beiden übrigen Filoteigblätter ebenfalls mit Margarine bestreichen und wellenförmig auf dem Kuchen drapieren.

Das Ganze für 40 Minuten backen. Dann kurz aus dem Ofen nehmen, mit Puderzucker bestauben und weitere 2 Minuten mit eingeschalteter Grillfunktion karamellisieren.

In William Shakespeares »Sommernachtstraum« weist Elfenkönigin Titania ihre Untergebenen an, dem Weber Nick Bottom Aprikosen zu verabreichen, um seine Liebe zu ihr zu wecken: »Be kind and polite to this gentleman. Follow him around. Leap and dance for him. Feed him apricots and blackberries …«

Glutenfrei

ergibt 10 Stück

Blätterteig-Mandel-Strudel mit Himbeerfüllung

Für die Füllung
50 g Mandeln
225 g Zucker
300 g Tofu
250 g Himbeeren

1 Rolle Blätterteig

4 EL Zucker
etwas Puderzucker

Den Backofen auf 200 °C vorheizen.

Für die Füllung die Mandeln in der Pfanne rösten und mit 2 EL Zucker karamellisieren und etwas abkühlen lassen. Dann den Tofu zerkrümeln und mit den gerösteten Mandeln sowie dem restlichen Zucker mischen. Anschließend vorsichtig die Himbeeren unterheben.

Den Blätterteig ausrollen und die Füllung in die Mitte geben. Für den Strudel den Teig von beiden Seiten über die Füllung klappen, die Enden gut verschließen und 40 Minuten backen.

Für die Dekoration 5 EL Wasser mit dem Zucker kurz zu einem Sirup aufkochen. Den fertigen Strudel sofort damit bestreichen und vollständig auskühlen lassen. Zum Servieren den Strudel mit Puderzucker bestreuen.

ergibt 16 Stück

Erdbeer-Eispralinen

225 g Cashewkerne

Für die Füllung
25 g Kokosöl
130 g Erdbeeren
50 g Kokosraspel

Für den Überzug
100 g Kokosöl
6 Erdbeeren
1 EL Zitronensaft
5 EL Puderzucker

300 g Zartbitterkuvertüre
20 g getrocknete Rosenblätter

Die Cashewkerne mindestens 1 Stunde in Wasser einweichen.

Für die Füllung das Kokosöl schmelzen und abkühlen lassen. Dann die Erdbeeren mit dem Kokosöl und den Kokosraspeln fein pürieren und die Masse in einer flachen Form für 30 Minuten ins Tiefkühlfach stellen.

Für den Überzug das Kokosöl schmelzen und abkühlen lassen. Dann die Erdbeeren mit dem Kokosöl, dem Zitronensaft und dem Puderzucker schaumig pürieren.

Aus der angefrorenen Erdbeerfüllung 16 Kugeln formen und diese leicht auf eine Folie drücken. Die Kugeln mit dem Überzug einpinseln und wieder ins Tiefkühlfach geben.

Die Zartbitterkuvertüre auf dem Wasserbad schmelzen.

Die gut gekühlten Erdbeerhäufchen mit Hilfe eines Löffels mit Kuvertüre überziehen und zum Auskühlen auf ein mit Folie oder Backpapier unterlegtes Kuchengitter setzen. Ist die Kuvertüre leicht fest, die Eispralinen mit den Rosenblättern bestreuen und bis zum Servieren im Kühlschrank aufbewahren.

Junge Erdbeerblätter werden gerne als Schwarztee-Ersatz verwendet. Die älteren Erdbeerblätter enthalten mehr Gerbstoffe und helfen bei einer Erkrankung des Magen-Darm-Bereichs, wie zum Beispiel Durchfall.

di

nner

dinner

DIE TRÄNE
DER
Helena

ergibt 4 Portionen

Thymian-Pfirsich-Tarte-Tatin mit Vanilleeis

Für das Vanilleeis (4 Portionen)

250 g Sojamilch
200 g Zucker
200 g gemahlene Mandeln
2 TL Saft und Abrieb von 1 unbehandelten Zitrone
Mark von 2 Vanilleschoten
1 Prise Salz
300 g aufschlagbare Sojasahne, gut gekühlt
1 Pck. Sahnestandmittel

Für die Tarte (8–10 Stücke)

5 Pfirsiche, entkernt und in Scheiben geschnitten
Saft von 1 Zitrone
3 EL Thymianblätter
6 EL Zucker

1 Rolle Blätterteig
5 El Zucker

Eine Tarte Tatin wird verkehrt herum gebacken – mit dem späteren Boden nach oben.

Für das Vanilleeis die Sojamilch mit dem Zucker aufkochen. Dann zusammen mit den Mandeln, dem Zitronensaft und -abrieb, dem Vanillemark und dem Salz fein pürieren und die Masse abkühlen lassen.

Die kalte Sojasahne mit dem Sahnestandmittel etwa 5 Minuten steif schlagen und unter die abgekühlte Creme heben. In eine flache Form füllen und für 30 Minuten ins Tiefkühlfach geben. Anschließend kräftig duchrühren und weitere 45 Minuten tiefkühlen. Wieder kräftig rühren und das Eis bis zum Servieren im Kühlschrank lagern.

Den Backofen auf 180 °C vorheizen. Für die Tarte die Pfirsiche mit dem Zitronensaft, dem Thymian und dem restlichen Zucker karamellisieren und in eine mit Backpapier ausgelegte Springform gießen, dabei den Rand ein wenig frei lassen.

Den Blätterteig ausrollen und in der Größe der Springform ausschneiden. Aus dem übrigen Teig den Rand der Tarte formen. Teigrand um die Pfirsich-Füllung legen und andrücken. Dann den Teigboden als Deckel darüberlegen und gut an den Rändern andrücken.

Die Tarte Tatin 40 Minuten backen, kurz abkühlen lassen, anschließend noch warm auf eine Tortenplatte stürzen. Anschließend das Backpapier vorsichtig abziehen.

Das Vanilleeis etwa 15 Minuten vor dem Servieren kräftig durchrühren. Dann mit einem Eis-Portionierer Kugeln formen, die Tarte in Stücke schneiden und je mit 1 Vanillekugel servieren.

Die Legende besagt, dass eine Träne der schönen Helena von den Göttern in eine für die Menschheit nützliche Pflanze verwandelt wurde, den Thymian.

ergibt 8 Stück

Smoked Tofu im Schokoladentörtchen mit Physalis-Ragout

Für den Biskuit
140 g Mehl
60 g Kartoffelmehl
80 g Stärke
60 g Kakao
200 g Zucker
6 EL Öl
5 EL Sojamehl
350 ml Mineralwasser
1 EL Zitronensaft
1 Prise Salz
1 Pck. Backpulver

Für die Füllung
200 g Zartbitterschokolade, gehackt
50 g Kokosöl
400 g Räuchertofu
160 g Margarine
150 g Zucker
150 ml Sojamilch
4 EL Kakao
80 g Puderzucker

Für das Ragout
400 g Physalis
4 EL Zucker
6 EL Weißwein

8 Physalisblüten

Den Backofen auf 160 °C vorheizen. Alle Zutaten für den Biskuit bis auf das Backpulver vermengen und einige Minuten kräftig rühren. Dann das Backpulver zugeben. Den Teig in ein mit Backpapier ausgelegtes Backblech geben, 15 Minuten backen und anschließend etwas abkühlen lassen.

Für die Füllung die Schokolade auf dem Wasserbad schmelzen. Das Kokosöl in einem Topf schmelzen, etwas abkühlen lassen und dann mit dem Räuchertofu, der Margarine, dem Zucker und der Sojamilch fein pürieren. Anschließend die Schokolade, den Kakao und den Puderzucker unterrühren.

Den Biskuit in zwei gleich große Hälften teilen und die Ränder begradigen. Einen Teil als Tortenboden mit einem eckigen Tortenring umschließen. Dann die Hälfte der Schokoladenfüllung gleichmäßig auf den Boden verteilen. Den zweiten Biskuitboden auflegen, mit der restlichen Creme bedecken und die Torte für 30 Minuten ins Tiefkühlfach stellen.

Für das Ragout die Physalis halbieren, mit dem Zucker in einer beschichteten Pfanne unter Rühren kurz karamellisieren lassen. Anschließend mit dem Weißwein ablöschen.

Zum Servieren die gut gekühlte Torte vom Tortenring befreien, in 8 rechteckige Törtchen schneiden, diese je mit 1 Physalisblüte verzieren und das Physalis-Ragout lauwarm dazu reichen.

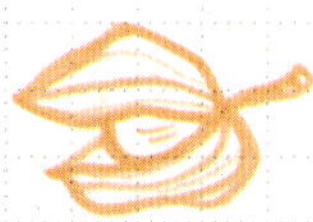

Blasenkirsche, Kapstachelbeere, Andenkirsche oder Physalis. Viele Namen und doch nur eine Pflanze. In Afrika werden ihre Blätter traditionell als Pflaster zur Wundheilung eingesetzt.

ergibt 12 Stück

Dark-Chocolate-Cake mit Pistaziencreme

130 g Pistazien
260 g Mandeln

Für den Teig
200 g gemahlene Walnusskerne
200 g getrocknete Datteln
1 EL Zitronensaft
1 Prise Salz

Für die Pistazien-Füllung
75 g Kokosöl
50 g Zucker
1 TL Zitronensaft
1 Prise Salz

Für die Schokoladen-Füllung
100 g Kokosöl
100 g Kakao
70 g Zucker

Die Mandeln und die Pistazien mindestens 1 Stunde in Wasser einweichen. Wenn es schnell gehen muss: 20 Minuten in heißem Wasser.

Für den Boden die Walnusskerne und die Datteln in der Küchenmaschine hacken und mit dem Zitronensaft und Salz zu einem zähen Teig verkneten. Den Teig gleichmäßig in eine mit Backpapier ausgelegte Springform geben und gut andrücken.

Für die Pistazien-Füllung das Kokosöl schmelzen und abkühlen lassen. Dann die Pistazien mit dem Kokosöl, dem Zucker, dem Zitronensaft und dem Salz fein pürieren. Die Creme in die Springform streichen und 30 Minuten in die Tiefkühlung geben.

Für die Schokoladen-Füllung das Kokosöl schmelzen und und abkühlen lassen. Dann das Kokosöl mit den Mandeln, dem Kakao, dem Zucker sowie 50 ml Wasser fein pürieren.

Die Schokoladen-Füllung gleichmäßig auf den gut gekühlten Kuchen streichen. Den Dark-Chocolate-Cake für einige Stunden kaltstellen und erst kurz vor dem Servieren aus der Form lösen.

ergibt 4 Stück

Blätterteig-Pasteten mit Erdbeercreme und Kiwi-Ragout

Für die Creme
250 g Erdbeeren
80 g Zucker
50 g Kokosöl
2 TL Agar-Agar
200 ml Sojasahne
300 ml aufschlagbare Sojasahne, gut gekühlt
1 Pck. Sahnestandmittel

2 Rollen Blätterteig
4 EL Zucker

Für das Ragout
3 Kiwis, geschält
2 El Zucker

Für die Creme die Erdbeeren mit dem Zucker, dem Kokosöl und dem Agar-Agar 15 Minuten in der Sojasahne kochen. Dann fein pürieren und die Erdbeermasse unter gelegentlichem Rühren abkühlen lassen. Inzwischen die kalte Sojasahne aufschlagen, unter die abgekühlte Erdbeermasse heben und das Ganze bis zum Servieren kaltstellen.

Für die Pasteten aus dem Blätterteig mit einem Servierring (Ø 8 cm) 28 Kreise ausstechen. 4 Kreise als Böden beiseite legen. Bei allen anderen Kreisen mit einem Servierring (Ø 7 cm) die Mitte ausstechen. Jeweils 6 Ringe genau auf einen Boden übereinanderstapeln. Dabei die einzelnen Ringe mit etwas Wasser »ankleben«. Mit den anderen Böden genauso verfahren.

In die Mitte der Blätterteig-Pasteten zur Stabilisierung einen Ring aus Alufolie stecken, damit die Pasteten beim Backen gerade bleiben. Die Pasteten auf einem mit Backpapier ausgelegtem Backblech bei 200 °C etwa 20 Minuten goldgelb backen. Dabei die letzten Minuten mit eingeschalteter Grillfunktion bräunen.

6 EL Wasser mit dem Zucker kurz zu einem Sirup aufkochen, die noch warmen Pasteten damit bestreichen und auskühlen lassen.

Für das Ragout eine Kiwi würfeln, die anderen beiden Kiwis mit dem Zucker fein pürieren.

Zum Servieren die Pasteten auf Tellern anrichten, die Erdbeer-Creme hineingeben und jeweils etwas Kiwi-Ragout daneben verteilen.

Der Name »Kiwi« stammt aus dem Neuseeländischen und wurde in den 1960er-Jahren festgelegt. Die Herleitung stammt tatsächlich vom dort beheimateten Straußenvogel, dem Kiwi.

... Und wenn ein
Mensch, der viele Läuse hat,
oft am Lavendel riecht,
sterben die Läuse an ihm. ...
Hildegard von Bingen

ergibt 12 Stück

Blaubeer-Mini-Käsekuchen mit Lavendel

Für den Teig
200 g Walnüsse
160 g Datteln
1 TL Zitronensaft
¼ TL Salz

Für die Füllung
300 g Sojajoghurt, abgetropft
3 TL Agar-Agar
200 g Cashewkerne, eingeweicht über Nacht
300 g Blaubeeren
80 g Zucker
4 TL Zitronensaft
3 TL getrocknete Lavendelblüten
Mark von 1 Vanilleschote
1 TL Abrieb von 1 unbehandelten Zitrone

Für das Topping
125 g Blaubeeren
125 ml Wasser
2 EL Zitronensaft
2 EL Zucker
1 ½ TL Agar-Agar

Für die Dekoration
24 Blaubeeren
5 frische Lavendelblüten

Die Walnüsse grob hacken und die Datteln von den Kernen befreien. Beides in eine Schüssel geben, mit Zitronensaft und Salz gut verkneten und aus der Masse 12 Kugeln formen. Die Kugeln als Boden in eine mit Papiermanschetten ausgelegte Muffinform drücken.

Für die Füllung den abgetropften Joghurt in einem Topf erhitzen. Dann den Agar-Agar zufügen und das Ganze 2 Minuten aufkochen und vom Herd nehmen. Alle weiteren Zutaten der Füllung fein pürieren, dann mit der Joghurtmasse vermengen und vorsichtig auf die Böden geben. Die Muffinform bis zur Weiterverarbeitung ins Tiefkühlfach stellen.

Für das Topping die Blaubeeren mit Wasser pürieren, dann in einem Topf mit dem Zitronensaft, Zucker und Agar-Agar 2 Minuten aufkochen. Das Topping gleichmäßig über die Muffins verteilen und mit je 2 Blaubeeren und ein paar Lavendelblütenblättern dekorieren.

Die Mini-Kuchen etwa 2 Stunden in der Form kaltstellen und erst direkt vor dem Servieren aus den Formen lösen.

ergibt 8 Stück

Basilikum-Schokoladen-Schnitten

Für den Biskuit
125 g Mehl
100 g Kartoffelmehl
50 g Kakao
200 g Zucker
40 ml Öl
4 EL Sojamehl
100 ml Sojamilch
200 ml Mineralwasser
Abrieb von ½ unbehandelten Orange
1 Prise Salz
1 TL Backpulver
½ TL Natron

Für die Creme
300 g Sojajoghurt
100 g Zucker
2 leicht gehäufte TL Agar-Agar
Abrieb von ½ unbehandelten Zitrone
60 g Basilikumblätter
75 g Cashewkerne
75 g Mandeln
2 EL Zitronensaft
1 Prise Salz
½ TL frisch gemahlener Pfeffer

Für die Dekoration
30 g Mandelsplitter

Den Backofen auf 160 °C vorheizen. Dann für den Biskuit alle Zutaten – bis auf das Backpulver und Natron – vermengen und einige Minuten kräftig rühren. Anschließend das Backpulver und das Natron zugeben und den Teig auf ein mit Backpapier ausgelegtes Backblech streichen. Den Biskuit 15 Minuten backen und sofort zum Auskühlen auf ein Gitter stürzen.

Für die Creme 150 g vom Sojajoghurt mit dem Zucker, dem Agar-Agar und dem Zitronenabrieb 2 Minuten aufkochen und abkühlen lassen. Inzwischen das Basilikum mit dem restlichen Sojajoghurt, den Cashewkernen, den Mandeln und dem Zitronensaft pürieren. Das Nuss-Püree unter die Creme rühren, anschließend mit Salz und Pfeffer abschmecken.

Den Biskuit in zwei gleich große Hälften teilen. Eine Hälfte als Boden auf ein Blech oder Holzbrett legen und mit einem eckigen Backrahmen umschließen. Die Hälfte der Creme auf den Boden streichen und den zweiten Boden darüberlegen. Anschließend mit der restlichen Creme bestreichen.

Vor dem Anschneiden den Kuchen mehrere Stunden kaltstellen oder 30 Minuten ins Tiefkühlfach geben. Dann vorsichtig in 8 Stücke schneiden und die Schnitten mit Mandelsplittern bestreuen.

DEIN NAME BLEIBT UNERGRÜNDLICH!
SWKT

ergibt 6 Stück

Geeiste Schwarzwälder Kirschtörtchen

Für den Biskuit
170 g Mehl
125 g Stärke
60 g Kakao
220 g Zucker
6 EL Öl
5 EL Sojamehl
250 ml Mineralwasser
3 EL Zitronensaft
4 EL Kirschwasser
1 Prise Salz
1 Pck. Backpulver

Für die Füllung
600 ml aufschlagbare Sojasahne, gut gekühlt
2 Pck. Sahnestandmittel
150 ml Sojamilch
50 g Kokosöl
70 g Zucker
3 TL Agar-Agar
5 EL Kirschwasser

750 g Sauerkirschen, abgetropft
60 g Zucker

Für das Frosting
100 g weiche Margarine
25 g weiches Kokosöl
250 g Puderzucker, gesiebt

Für die Dekoration
125 g Haselnusskrokant
6 Sauerkirschen

Den Backofen auf 160 °C vorheizen. Dann alle Zutaten für den Biskuit bis auf das Backpulver vermengen und einige Minuten kräftig rühren. Das Backpulver dazugeben. Den Teig auf ein mit Backpapier ausgelegtes Backblech streichen, 15 Minuten backen und anschließend zum Auskühlen auf ein Gitter stürzen.

Für die Füllung die kalte Sojasahne mit dem Sahnestandmittel etwa 5 Minuten steif schlagen und kaltstellen.

Die Sojamilch mit dem Kokosöl, Zucker und Agar-Agar 2 Minuten bei geringer Temperatur kochen. Danach etwas abkühlen lassen. Anschließend die Sahne unterheben, das Kirschwasser dazugeben und das Ganze kaltstellen.

Mit einem Servierring (Ø 8 cm) aus dem Biskuit 12 Kreise ausstechen. 6 Biskuitkreise als Böden mit Servierringen umschließen, je eine Schicht Sauerkirschen daraufgeben und die Hälfte der Füllung darauf verteilen. Die zweiten Biskuitböden auflegen, die übrigen Kirschen und die restliche Creme daraufgeben. Die Törtchen für 30 Minuten ins Tiefkühlfach stellen.

Für das Frosting die Margarine und das Kokosöl schaumig schlagen, anschließend den Puderzucker sowie alle weiteren Zutaten unterheben und das Ganze kaltstellen.

Die gut gekühlten Törtchen vom Tortenring befreien und das Frosting auf die Seiten streichen. Anschließend den Krokant gleichmäßig darüber verteilen und andrücken.

Die Törtchen bis zum Servieren tiefkühlen. Erst 25 Minuten davor herausnehmen und je 1 Kirsche in die Mitte setzen.

Pinya

PINA
nööö
nööö

ergibt 8–10 Stück

Ananas-Thymian-Käse-Tarte mit scharfem Mango-Rum-Ragout

Für den Teig
200 g Maismehl
65 g Sojamehl
100 g Zucker
100 g Margarine
50 ml Sojamilch
1 EL Zitronensaft
Abrieb von 1 unbehandelten Orange
1 Prise Salz

Für die Füllung
1 Ananas
1 Vanilleschote
100 g Sojajoghurt
200 g Seidentofu
2 leicht gehäufte TL Agar-Agar
100 g Zucker
1 Prise Salz
Abrieb von ½ unbehandelten Zitrone
3 EL Thymianblättchen

Für das Ragout
2 Mangos, geschält und gewürfelt
30 g junger Ingwer, geschält und fein gehackt
2 rote Chilis, in Ringe geschnitten
2 EL Öl
2 EL Zucker
2 TL Zitronensaft
3 EL Orangensaft
4 EL Rum
1 Prise Salz
frisch gemahlener Pfeffer

Alle Zutaten für den Mürbeteig gut verkneten und 30 Minuten kaltstellen. Inzwischen die Ananas für das Ragout vom Strunk befreien, grob würfeln und pürieren. Die Vanilleschote auskratzen.

Den Joghurt in einem Topf erhitzen, den Seidentofu, das Vanillemark sowie die -schote hinzugeben und gut verrühren. Dann den Agar-Agar, Zucker, Salz und Zitronenabrieb zufügen. Das Ganze 2 Minuten aufkochen, vom Herd nehmen und 10 Minuten mit geschlossenem Deckel ziehen lassen. Anschließend die Vanilleschote herausnehmen und den Thymian hinzufügen.

Den Backofen auf 180 °C vorheizen. Den Teig als Boden gleichmäßig in eine Springform drücken und einen Rand von etwa 3 cm stehen lassen. Die Füllung auf den Boden gießen und die Tarte 30 Minuten backen. Vor dem Lösen aus der Form vollständig auskühlen lassen.

Für das Ragout das Öl in einer Pfanne erhitzen und die Mangowürfel, den Ingwer und die Chili-Ringe kurz scharf anbraten. Den Zucker darübergeben und unter Rühren kurz karamellisieren lassen. Anschließend mit Zitronen- und Orangensaft ablöschen. Die Pfanne vom Herd nehmen und den Rum dazugießen. Das Ragout mit Salz und Pfeffer abschmecken.

Die Tarte in Stücke schneiden, auf Teller verteilen und das Mango-Ragout lauwarm dazu servieren.

Die Legende der Ananas besagt, dass die Tochter Pina einer Plantagenbesitzerin sehr faul und nachlässig war, dass ihre Mutter sich wünscht Pina solle tausend Augen haben. Darauf hin war die Tochter verschwunden und im Garten wuchs eine merkwürdige Pflanze mit mehr als hundert Augen, die sie dann Pinya taufte. Pinya ist das philippinische Wort für »pineapple«.

glutenfrei

ergibt 12 Stück

Birnen-Salbei-Törtchen mit Tonkabohnen-Sahne

Für die Sahne
50 g Kokosfett
2 Tonkabohnen, zerrieben
300 ml aufschlagbare Sojasahne, gut gekühlt
1 Pck. Sahnestandmittel

Für den Mürbeteig
70 g Haselnusskerne
70 g Maismehl
40 g Maisstärke
50 g Kartoffelmehl
130 g Margarine
150 g Zucker
1 Prise Salz

Für die Füllung
6 Birnen, entkernt und gewürfelt
200 g Sojajoghurt
20 g Salbei
80 g Zucker
Saft und Abrieb von ½ unbehandelten Zitrone
1 TL Agar-Agar
1 Prise Salz

Für die Sahne das Kokosfett schmelzen und etwas abkühlen lassen. Die Tonkabohnen im Mörser fein zermahlen. Die kalte Sahne mit dem Sahnestandmittel aufschlagen und nach und nach das geschmolzene Kokosfett und das Tonkabohnenpulver hinzufügen. Die Tonkabohnen-Sahne bis zum Servieren kaltstellen.

Den Backofen auf 180 °C vorheizen. Alle Zutaten für den Mürbeteig gut verkneten. Dann den Teig in eine Muffinform drücken und das Ganze 10 Minuten blind backen. Nach dem Backen den aufgeplusterten Teig vorsichtig mit einem Küchentuch wieder andrücken.

Für die Füllung den Joghurt in einem Topf erhitzen. Den Salbei in feine Streifen schneiden und zusammen mit dem Joghurt, dem Zucker, dem Zitronensaft und -abrieb, dem Agar-Agar sowie dem Salz 2 Minuten aufkochen. Die Birnenwürfel untermischen und nicht mehr erhitzen.

Die Füllung gleichmäßig über die Teigböden verteilen und das Ganze weitere 20 Minuten backen. Vor dem Lösen aus der Form vollständig auskühlen lassen.

Zum Servieren die Törtchen auf Tellern anrichten und je einen Tupfer Tonkabohnen-Sahne mit Hilfe eines Spritzbeutels danebensetzen.

Glutenfrei

WEIZEN
GRIESS
0,3 – 1 mm
1mm

ergibt 4 Portionen

Griessnocken auf Rotwein-Kirsch-Ragout

Für die Nocken
400 ml Sojamilch
25 g Kokosfett
50 g Grieß
50 g Zucker
1 TL Abrieb von
1 unbehandelten Zitrone
Mark von 1 Vanilleschote
1 TL Agar-Agar
1 Prise Salz
300 ml aufschlagbare Sojasahne, gut gekühlt
1 Pck. Sahnestandmittel

Für die Vanillesauce
250 ml Sojasahne
250 ml Sojamilch
½ TL Guakernmehl
3 EL Zucker
1 TL Zitronensaft
1 Vanilleschote

Für das Ragout
500 g Sauerkirschen, entsteint
200 ml Rotwein
100 g Zucker
¼ TL Zimt
1 TL Stärke

Für die Nocken die Sojamilch mit dem Kokosfett, dem Grieß, dem Zucker dem Zitronenabrieb, dem Vanillemark, dem Agar-Agar und dem Salz etwa 2 Minuten aufkochen und dann unter gelegentlichem Rühren etwas auskühlen lassen. Die kalte Sahne mit dem Sahnestandmittel aufschlagen und nach und nach die Grießmasse unterheben. Anschließend das Ganze in eine flache Form abfüllen und bis zur weiteren Verwendung kaltstellen.

Für die Vanillesauce die Vanilleschote auskratzen. Dann die Sojasahne und die Sojamilch mit dem Guakernmehl, dem Zucker, dem Zitronensaft, dem Vanillemark und der -schote aufkochen, vom Herd nehmen und 10 Minuten mit geschlossenem Deckel ziehen lassen. Anschließend die Vanilleschote herausnehmen.

Für das Ragout alle Zutaten bis auf die Stärke aufkochen, dann die Stärke einrühren und das Ganze kurz quellen lassen.

Zum Servieren das heiße Ragout auf die Teller geben. Dann je 2 Nocken aus der gekühlten Grießmasse abstechen, auf das Ragout setzen und die Nocken mit Vanillesauce übergießen.

Marsala
Tirami sù!

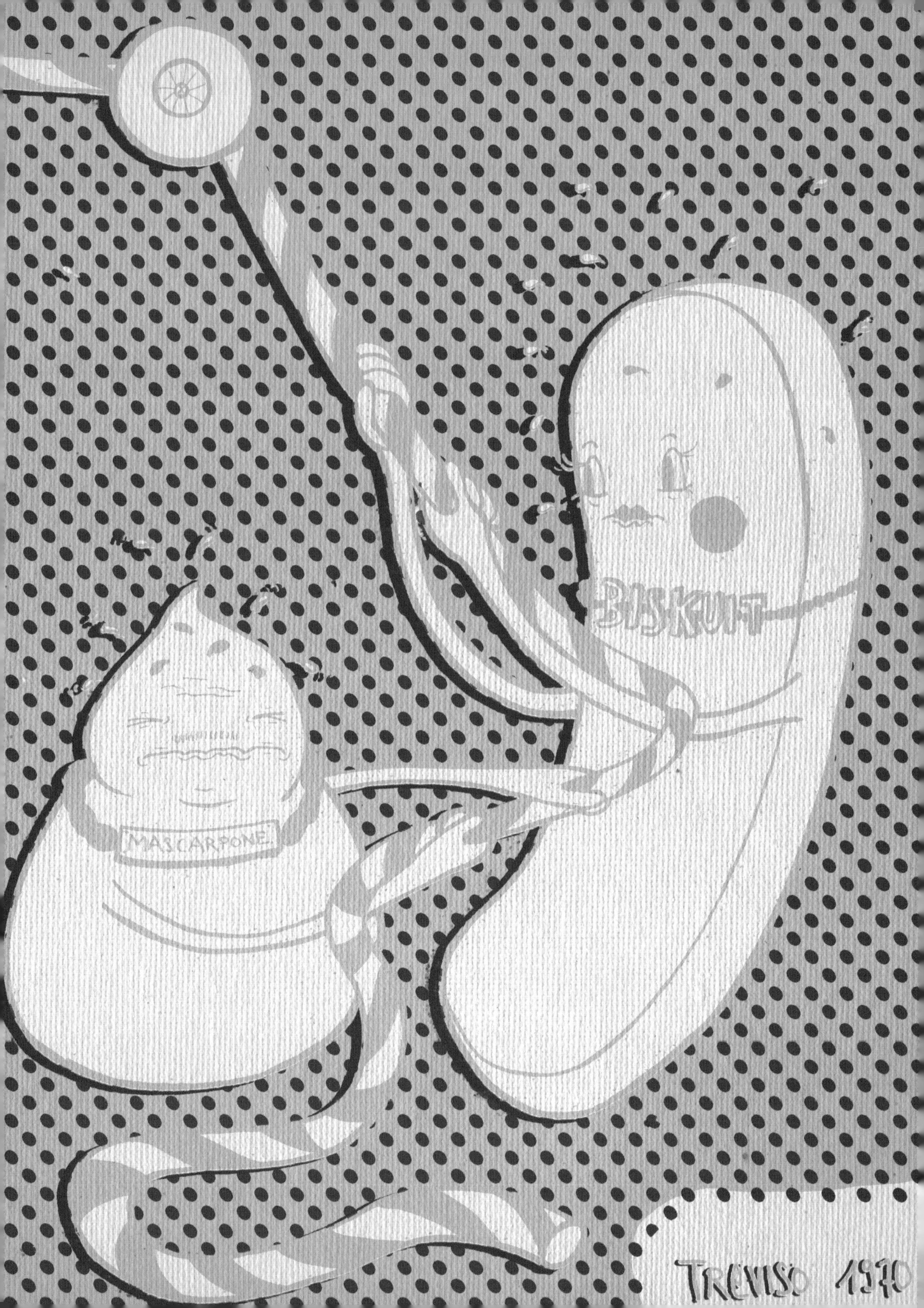
BISKUIT
MASCARPONE
TREVISO 1970

ergibt 4 Portionen

Tiramisu

Für den Biskuit
100 g Mehl
100 g Kartoffelmehl
5 EL Sojamehl
200 g Zucker
6 EL Öl
80 g gemahlene Mandeln
2 TL Zitronensaft
1 Prise Salz
1 Pck. Backpulver

Für die Creme
200 g Sojajoghurt
25 g Kokosöl
50 g Zucker
½ TL Abrieb von
1 unbehandelten Zitrone
Mark von 1 Vanilleschote
600 ml aufschlagbare Sojasahne,
gut gekühlt
2 Pck. Sahnestandmittel

250 ml starker gesüßter Kaffee
wahlweise 100 ml Arak

30 g Kakao

Den Backofen auf 200 °C vorheizen. Dann alle Zutaten für den Biskuit bis auf das Backpulver vermengen und einige Minuten kräftig rühren. Das Backpulver dazugeben. Den Teig in ein mit Backpapier ausgelegtes Backblech streichen, 15 Minuten backen und zum Auskühlen auf ein Kuchengitter geben.

Für die Creme den Sojajoghurt mit dem Kokosöl, dem Zucker, dem Zitronenabrieb und dem Vanillemark kurz aufkochen und dann unter gelegentlichem Rühren etwas auskühlen lassen. Die kalte Sahne mit dem Sahnestandmittel aufschlagen und nach und nach die Joghurtmasse unterheben.

Den Biskuit in Streifen schneiden und die Hälfte der Streifen in eine Auflaufform (20 x 30 cm) schichten. Die Biskuit-Schicht mit der Hälfte des süßen Kaffees (und des Araks) übergießen und danach die Hälfte der Creme darüber verteilen. Die restlichen Biskuitstreifen in Kaffee tauchen und auf die Creme-schicht setzen. Den verbliebenen Arak darübergeben und abschließend mit der restlichen Creme bedecken.

Das Tiramisu für 1 Stunde in den Kühlschrank stellen und zum Servieren mit Kakao bestauben.

»Tirami sù!« bedeutet wörtlich »zieh mich hoch«, im übertragenen Sinne soll es eher »munter mich auf« bedeuten. Ada Campeol, die Inhaberin des Traditionslokals »Le Beccherie« und ihr Koch Roberto Linguanotto gelten als »Eltern« des Tiramisu. 1970 wurde es zum ersten Mal in ihrem Restaurant in Treviso serviert.

ergibt 4 Portionen

Kaltes Tiramisu

400 g Mandeln

Für die Schokoladenschicht
25 g Kokosfett
60 ml Wasser
80 g Zucker
15 g Kakao

Für die Krümelschicht
200 g Walnüsse
50 g Zucker
1 Prise Salz
60 ml starker Kaffee

Für die Vanilleschicht
25 g Kokosöl
50 ml Wasser
60 g Zucker
3 EL Zitronensaft
½ TL Abrieb von
1 unbehandelten Zitrone
Mark von 1 Vanilleschote

30 g Kakao
40 ml starker gesüßter Kaffee

Die Mandeln mindesten 1 Stunde in Wasser einweichen.

Für die Schokoladenschicht das Kokosfett schmelzen und mit 200 g Mandeln sowie allen weiteren Zutaten fein pürieren. Dann eine flache Auflaufform (etwa 20 x 30 cm) mit Folie auslegen und die Schokomasse gleichmäßig hineinstreichen.

Für die Krümelschicht die Walnüsse in der Küchenmaschine etwas feiner hacken und mit dem Zucker, dem Salz und dem Kaffee vermengen. Dann die Krümel auf der Schokoladenschicht verteilen und das Ganze für 30 Minuten ins Tiefkühlfach geben.

Für die Vanilleschicht das Kokosfett schmelzen. Dann mit den restlichen 200 g Mandeln sowie allen weiteren Zutaten fein pürieren. Die Vanilleschicht gleichmäßig über das gut gekühlte Tiramisu verteilen und das Ganze etwa 1 Stunde ins Tiefkühlfach geben.

Das Tiramisu mit der Folie vorsichtig aus der Form heben und mit dem Kakao bestauben.

Zum Servieren mit einem Servierring (Ø 6 cm) 12 Tiramisu-Kreise ausstechen und versetzt je 3 Lagen in 4 Gläser stapeln. Zum Schluss die Portionen mit dem süßen Kaffee übergießen.

ergibt 4 Portionen

Kokos-Flan auf gebratener Ananas und Rumbanane

Für den Flan
500 ml Kokosmilch
25 g Kokosöl
100 g Zucker
Saft und Abrieb von
1 unbehandelten Limette
2 TL Agar-Agar
2 EL braunen Rum
300 ml aufschlagbare Sahne,
gut gekühlt
1 Pck. Sahnestandmittel
50 g Kokosstreusel

Für das gebratene Obst
4 kleine Bananen, halbiert
4 Scheiben Ananas
4 EL brauner Rum

200 g Zucker

Für den Flan die Kokosmilch und das -öl aufkochen. Dann den Zucker, den Limettenabrieb und -saft sowie den Agar-Agar hinzufügen, das Ganze 2 Minuten kochen und anschließend unter Rühren etwas auskühlen lassen. Danach den Rum dazugießen.

Die kalte Sojasahne mit dem Sahnestandmittel etwa 5 Minuten steif schlagen und unter die abgekühlte Kokosmasse heben. Die Creme in 4 Schälchen füllen und 30 Minuten kaltstellen.

Die Ränder der gut gekühlten Creme vorsichtig mit einem Messer lösen und die Flans auf 4 Teller stürzen. Anschließend mit den Kokosstreuseln bestreuen.

Die Bananenhälften und die Ananasscheiben in einer großen Pfanne braten, dann mit dem Rum ablöschen.

Den Zucker mit 7 EL Wasser in einem Topf einkochen und goldbraun karamellisieren.

Zum Servieren die noch heißen Früchte jeweils um den Flan herum legen und diesen mit dem Karamell übergießen.

Zum »Gesicht« der Kokosnuss gibt es eine Legende, sie handelt von einer schönen Tochter, die mit ihrem Vater an einem Teich lebt. Sie wird ertappt, wie sie sich mit einem jungen Mann vergnügt, der sich flugs in einen Aal verwandelt, als der Vater wutentbrannt naht. Darauf hin lässt der Vater den Teich ausschöpfen und dem Aal den Kopf abschlagen. Kurz vor seinem Tod prophezeit der Aal, dass, sobald sein Kopf in der Erde vergraben sei, eine Palme aus ihm wachsen würde. Sie werde eine Frucht tragen, die Kokosnuss, und auf dieser werde für immer sein Gesicht zu sehen sein.

Glutenfrei

We love
deglet nour

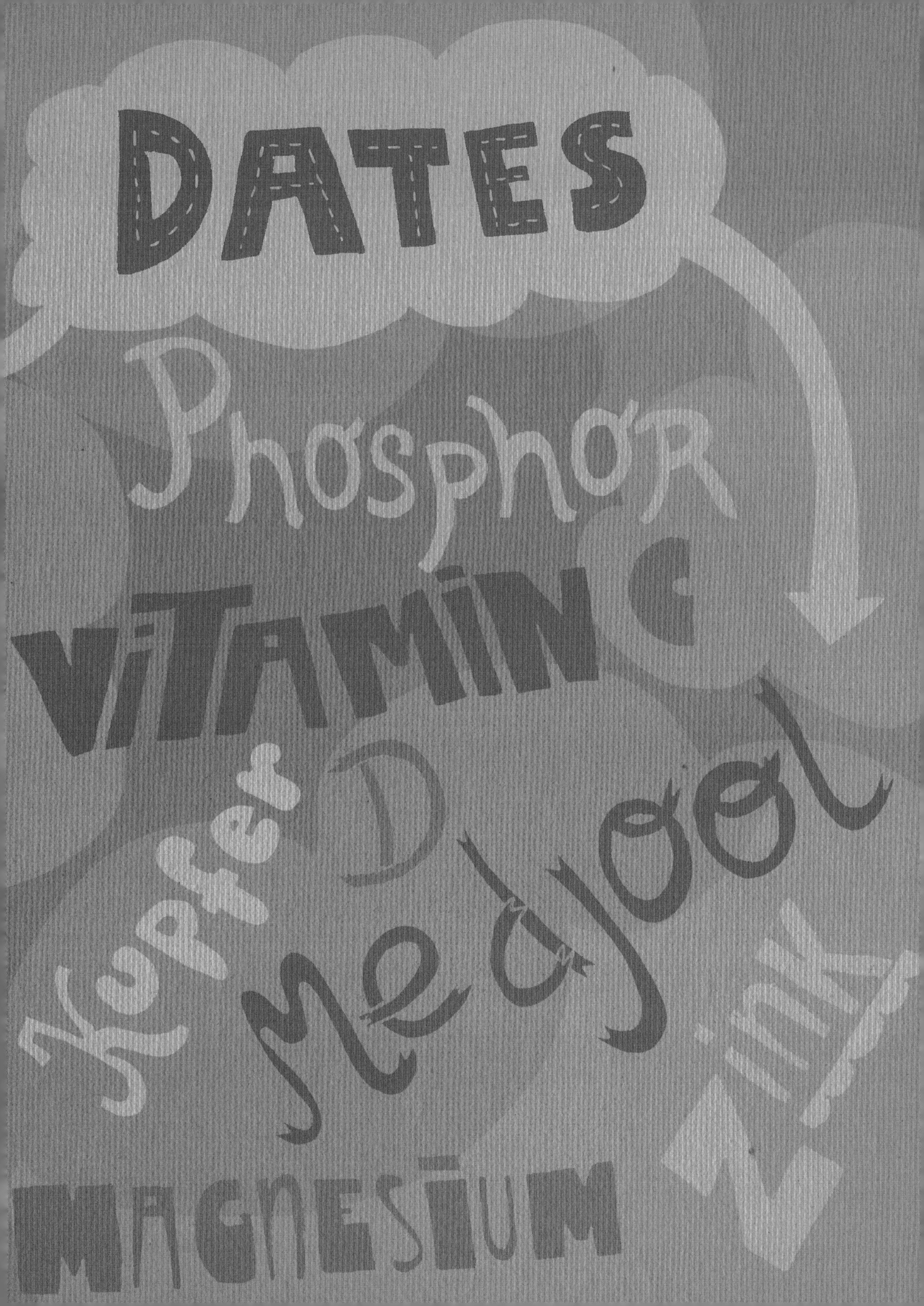
DATES
Phosphor
VITAMIN C
Kupfer
D
Medjool
Zink
MAGNESIUM

ergibt 16 Stück

Dattel-Nuss-Hefeschnecken mit Vanillesauce

Für den Hefeteig
375 g Mehl
90 g Zucker
80 g Margarine
150 ml Milch
1 Pck. Trockenhefe

5 El Zucker

Für die Füllung
100 g gemahlene Haselnüsse
100 g gemahlene Mandeln
140 g Datteln
30 g Zucker
150 ml Sojasahne
1 TL Saft und Abrieb von
1 unbehandelten Zitrone
2 TL Zimt

Für die Vanillesauce (4 Portionen)
250 ml Sojasahne
250 ml Sojamilch
1 Vanilleschote
20 g Speisestärke
2 El Zucker

Alle Zutaten für den Hefeteig vermengen, gut durchkneten und an einem warmen Ort auf das doppelte Volumen aufgehen lassen.

Für die Füllung alle Zutaten in einer Schüssel vermengen.

Den Backofen auf 200 °C vorheizen. Dann den Teig etwa ½ cm dick ausrollen und die Füllung gleichmäßig darauf verteilen. Das Ganze fest aufrollen und in 2 cm dicke Stücke schneiden.

Die Teigschnecken auf ein Backblech legen, weitere 15 Minuten gehen lassen und anschließend 15 Minuten backen. In der Zwischenzeit 6 EL Wasser und den Zucker zu einem Sirup aufkochen und die fertigen noch warmen Schnecken damit bestreichen.

Für die Vanillesauce die Vanilleschote auskratzen. Dann die Sojasahne und die Sojamilch mit dem Guakernmehl, dem Zucker, dem Zitronensaft, dem Vanillemark und der -schote aufkochen, vom Herd nehmen und 10 Minuten mit geschlossenem Deckel ziehen lassen. Anschließend die Vanilleschote herausnehmen.

Zum Servieren einen Spiegel Vanillesauce auf die Teller geben und die noch warmen Schnecken daraufsetzen.

ergibt 4 Portionen

Lavendelmilchreis mit Birnen-Weisswein-Ragout

Für den Milchreis
1 Vanilleschote
700 ml Sojamilch
120 g Zucker
1 ½ EL getrockneter Lavendel
Saft und Abrieb von
1 unbehandelten Zitrone
1 Prise Salz
½ TL Rote-Bete-Pulver
125 g Milchreis
300 ml aufschlagbare Sojasahne, gut gekühlt
1 Pck. Sahnestandmittel

Für das Ragout
3 Birnen, entkernt und gewürfelt
200 ml Weißwein
3 EL Zucker
1 TL Stärke

Lavendelblüten

Für den Milchreis die Vanilleschote auskratzen. Dann die Sojamilch mit dem Zucker, dem Lavendel, dem Zitronensaft und -abrieb, dem Vanillemark und der -schote aufkochen und pürieren. Dann den Reis hinzufügen und das Ganze unter gelegentlichem Rühren bei geringer Hitze 40 Minuten garen. Anschließend den Milchreis etwas abkühlen lassen und die Vanilleschote herausnehmen.

Die Sojasahne mit dem Sahnestandmittel aufschlagen und unter die Milchreismasse heben. Die Masse in 4 Gläser füllen und beiseite stellen.

Für das Ragout, die Birnen 10 Minuten bei geringer Temperatur mit dem Weißwein und dem Zucker kochen. Am Ende der Garzeit die Stärke einrühren und das Ganze quellen lassen.

Zum Servieren das noch warme Ragout über den Milchreis geben und mit einigen Lavendelblütenblättern bestreuen.

glutenfrei

Pflanzet Pistazien in meinem Garten!
NEBUKADNEZAR I

ergibt 4 Portionen

Pistaziencreme mit Apfel-Granatapfel-Carpaccio

Für die Creme
120 g Pistazien
200 ml Sojamilch
25 g Kokosöl
50 g Zucker
Saft und Abrieb von
1 unbehandelten Limette
Mark von 1 Vanilleschote
2 TL Agar-Agar
300 g aufschlagbare Sojasahne,
gut gekühlt
1 Pck. Sahnestandmittel

Für das Carpaccio
1 Granatapfel
2 EL Zucker
2 EL Zitronensaft
1 Granny Smith Apfel

20 g Pistazien

Für die Creme die Pistazien mit der Sojamilch, dem Kokosöl, dem Zucker, dem Limettensaft und -abrieb und dem Agar-Agar 10 Minuten kochen. Dann das Ganze fein pürieren und unter gelegentlichem Rühren abkühlen lassen.

Die kalte Sojasahne mit dem Sahnestandmittel etwa 5 Minuten steif schlagen und unter die abgekühlte Pistazienmasse heben. Die Creme bis zum Servieren kaltstellen.

Für das Carpaccio die Kerne des Granatapfels auslösen und mit dem Zucker und dem Zitronensaft vermengen.

Zum Servieren den Apfel in hauchdünne Scheiben schneiden, diese fächerartig auf 4 Teller anrichten und das Granatapfelragout darüber verteilen. Dann je 2 Nocken aus der gekühlten Pistaziencreme abstechen, auf das Ragout setzen und zum Schluss einige Pistazien darüberstreuen.

Nicht nur die Königin von Saba schätzte die Pistazie. Auch Nebukadnezar, der König von Babylon, ließ angeblich Pistazienbäume in seinen Gärten pflanzen.

Glutenfrei

Cassia
"Cumarin"
"Cumarin"
"Cumarin"
"Cumarin"
"Cumarin"

Ceylon

ergibt 4 Portionen

Rotwein-Pflaumen-Mousse mit Zimt-Granita und Vanillesauce

Für die Granita
200 ml Sojasahne
100 ml Sojamilch
25 g Kokosöl
50 g Zucker
1 TL Zimt
1 Prise Salz
1 TL Stärke

Für die Mousse
250 g Pflaumen
80 g Zucker
2 TL Agar-Agar
200 ml Rotwein
300 ml aufschlagbare Sahne, gut gekühlt
1 Pck. Sahnestandmittel

Für die Vanillesauce
250 ml Sojasahne
250 ml Sojamilch
½ TL Guakernmehl
3 EL Zucker
1 TL Zitronensaft
1 Vanilleschote

Eine Granita ist die italienische Variante des Sorbets.

Für die Granita die Sojasahne mit der Sojamilch, dem Kokosöl, dem Zucker, dem Zimt und dem Salz kurz aufkochen, dann die Stärke einrühren. Anschließend die Masse in eine flache Form füllen, abkühlen lassen und für 3 Stunden im Kühlfach ruhen lassen. Dann grob umrühren, sodass die gefrorene Masse grobkörnig wird. Dies nach 1 Stunde wiederholen.

Für die Mousse die Pflaumen mit dem Zucker, dem Kokosöl und dem Agar-Agar 15 Minuten im Rotwein kochen. Dann das Ganze fein pürieren und unter gelegentlichem Rühren abkühlen lassen.

Die kalte Sojasahne mit dem Sahnestandmittel etwa 5 Minuten steifschlagen, unter die abgekühlte Pflaumen-Masse heben und die Creme bis zum Servieren kaltstellen.

Für die Vanillesauce die Vanilleschote auskratzen. Dann die Sojasahne und die Sojamilch mit dem Guakernmehl, dem Zucker, dem Zitronensaft und dem Vanillemark sowie der -schote aufkochen, vom Herd nehmen und 10 Minuten mit geschlossenem Deckel ziehen lassen. Anschließend die Vanilleschote herausnehmen.

Zum Servieren die Zimt-Granita noch einmal grob umrühren und auf 4 Teller verteilen. Dann mit einem Eis-Portionierer je 2 Kugeln aus der Pflaumen-Mousse formen und das Ganze zusammen mit der Vanillesauce servieren.

Cassia-Zimt oder auch chinesischer Zimt enthält in hohen Dosen das als gesundheitsschädlich geltende Cumarin. Hingegen ist in der gleichen Menge Ceylon-Zimt nur ein Bruchteil des Cumarins enthalten.

Glutenfrei

ergibt 4 Portionen

Kürismousse auf Kekskrumenbett

Für die Mousse
300 ml aufschlagbare Sojasahne, gut gekühlt
1 Pck. Sahnestandmittel
500 g Hokkaido-Kürbis, entkernt
100 ml Sojamilch
Saft und Abrieb von 1 unbehandelten Orange
100 g Zucker

100 g vegane glutenfreie Kekse

- Für die Mousse die kalte Sojasahne mit dem Sahnestandmittel etwa 5 Minuten steif schlagen und kaltstellen.
- Den Kürbis in Stücke schneiden und mit der Sojamilch, dem Orangensaft und -abrieb sowie dem Zucker 15 Minuten bei geringer Temperatur kochen. Dann die Masse abkühlen lassen und die kalte Sahne unterheben
- Die Kekse in einen Gefrierbeutel geben und mit einem Hammer oder Nudelholz zerbröseln.
- Abwechselnd die Kekskrumen und die Kürbis-Mousse in 4 Gläser schichten und diese bis zum Servieren kaltstellen.

Glutenfrei

Joanna Scothcott
64 Jahre

ergibt 4 Portionen

Grüne Vanille-Spargel-Creme mit Erdbeersauce

Für die Creme
350 g grüner Spargel, geschält
100 ml Sojamilch
25 g Kokosöl
80 g Zucker
3 TL Limettensaft
1 TL Abrieb von
1 unbehandelten Limette
200 g Sojajoghurt
Mark von 1 Vanilleschote
½ TL Agar-Agar

Für die Sauce
250 g Erdbeeren
50 g Zucker
1 TL Abrieb von
1 unbehandelten Limette

Für die Creme den Spargel in feine Ringe schneiden und in der Sojamilch 5 Minuten kochen. Dann das Kokosöl, den Zucker, den Limettensaft und -abrieb, das Sojajoghurt, das Vanillemark sowie den Agar-Agar zugeben und das Ganze 2 Minuten kochen. Anschließend die Creme in 4 kleine Gläser füllen und mindestens 30 Minuten kaltstellen.

Für die Sauce die Erdbeeren mit dem Zucker und dem Limettenabrieb pürieren.

Die Ränder der gut gekühlten Creme vorsichtig mit einem Messer lösen und die Creme-Türmchen auf 4 Teller stürzen. Anschließend zusammen mit der Erdbeersauce servieren.

Joanna Scothcott (1750–1814) war eine sehr religiöse Frau, die im Alter an einer Gehirnerkrankung litt. Kurz vor ihrem Tode behauptete sie, mit einem neuen Christus schwanger zu sein, trotz ihrer 64 Lebensjahre. Um dies zu beweisen, verzehrte sie 160 gegarte Spargelköpfe auf einmal – reichliches Spargelessen galt als sicheres Schwangerschaftsvorzeichen.

Glutenfrei

SO SOLL DER
DER STADT
SALZWASSER
BRUNNEN
ATHEN

Name
Sein

ergibt 4 Portionen

Rote-Bete-Creme mit Olivenöl-Eis

200 g Mandeln

Für das Eis
250 ml Sojamilch
100 ml Olivenöl
150 g Zucker
2 EL Zitronensaft
1 Vanilleschote
1 Prise Salz
100 g Walnüsse, gehackt

Für die Creme
300 g vorgegarte Rote Bete
100 ml Sojamilch
200 g Zucker
25 g Kokosfett
1 TL Saft und Abrieb von
1 unbehandelten Zitrone
Mark 1 Vanilleschote
1 Prise Salz
2 TL Agar-Agar
300 ml aufschlagbare Sojasahne, gut gekühlt
1 Pck. Sahnestandmittel

30 g Walnüsse, gemahlen

Die Mandeln 2 Stunden in Wasser einweichen.

Für das Eis die Vanilleschote auskratzen. Dann die Mandeln mit der Sojamilch, dem Olivenöl, dem Zucker, dem Zitronensaft und dem Vanillemark sowie der -schote aufkochen, vom Herd nehmen und 10 Minuten mit geschlossenem Deckel ziehen lassen. Anschließend die Vanilleschote herausnehmen. 80 g der gehackten Walnüsse untermischen.

Die Masse in eine flache Form füllen, abkühlen lassen und für 2 Stunden im Kühlfach ruhen lassen. Dann sorgfältig mit einer Gabel umrühren. Dies nach 1 Stunde wiederholen.

Für die Creme die Rote Bete in Stücke schneiden und mit der Sojamilch, dem Zucker, dem Kokosfett, dem Zitronensaft und -abrieb, dem Vanillemark, dem Salz und dem Agar-Agar 10 Minuten kochen. Dann fein pürieren und das Ganze unter gelegentlichem Rühren etwas auskühlen lassen.

Die kalte Sojasahne mit dem Sahnestandmittel etwa 5 Minuten steif schlagen, die Rote-Bete-Masse langsam unterheben und die Creme bis zum Servieren kaltstellen.

Zum Servieren das Olivenöl-Eis noch einmal umrühren, mit einem Eis-Portionierer Kugeln formen und mit einem großen Löffel Nocken von der Creme abstechen. Pro Teller je 1 Kugel und 1 Nocke zusammen anrichten und mit den gemahlenen Walnüssen bestreuen.

Als Athen noch keinen Namen trug, buhlten Poseidon und Athene um die Gunst der Bevölkerung. Der, der das sinnvollere Geschenk für die Menschen machen konnte, sollte der Namensgeber sein. Poseidon schenkte einen Brunnen, der jedoch nur Salzwasser barg. Athene hingegen schenkte den Olivenbaum, dessen Öl und Früchte die Menschen laben sollten. Sie siegte und taufte so die Stadt Athen.

Glutenfrei

ergibt 4 Portionen

Schokoladen-Ravioli mit Maracujasauce

8 Lasagneblätter

Für die Füllung
100 g Zartbitterkuvertüre
200 g Tofu
30 g Zucker
75 ml Sojasahne

Für die Sauce
2 Maracujas, geschält
¼ TL Guarkernmehl
30 g Zucker
75 ml Sojasahne

etwas Puderzucker

Die Lasagneblätter in schwach gesalzenem Wasser »al dente« garen. Danach auf eine Folie legen und jedes Blatt so teilen, dass zum Schluss 16 quadratische Teigplatten entstehen.

Für die Füllung die Zartbitterkuvertüre auf dem Wasserbad schmelzen und zusammen mit dem Tofu, dem Zucker sowie 2 EL Wasser pürieren.

Je einen gehäuften EL der Füllung auf 8 der Teigplatten setzen, dann die Teigränder mit wenig Wasser bestreichen, je eine weitere Teigplatte darüberlegen und die »Ravioli« gut an den Rändern andrücken.

Für die Sauce die Maracujas aufschneiden und das Fruchtfleisch zusammen mit den Kernen kräftig durch ein Sieb streichen. Dann mit dem Zucker und dem Guakernmehl vermengen und die Sojasahne untermischen.

Den Backofen auf 100 °C vorheizen. Das Öl in einer Pfanne erhitzen, die Ravioli von allen Seiten goldbraun braten und auf einem Backpapier im Ofen warm halten.

Zum Servieren je 2 Ravioli auf einen Teller geben, die Maracujasauce darüber verteilen und das Ganze mit Puderzucker bestauben.

Glutenfrei

Sushi
≙ säuerlich essig
Reis
Zucker
Essig

ergibt 4 Portionen

Süsses Sushi

Für den Reis
250 g Sushireis
425 ml Wasser
40 ml Reisessig
6 EL Zucker
3 EL Zitronensaft
1 TL Salz

Für die Füllung
8 Erdbeeren
1 Baby-Ananas
1 kleine Mango, geschält und entkernt

Für den Dip
1 Mango, geschält und entkernt
2 rote Chilischoten
8 EL Zucker
3 EL Zitronensaft

4 Noriblätter
Bastmatte

Den Reis in einem Sieb gut abspülen, bis das Wasser klar bleibt. In einem Topf bei geringer Temperatur und geschlossenem Deckel in 425 ml Wasser 10 Minuten kochen, vom Herd nehmen und weitere 10 Minuten bei geschlossenem Deckel quellen lassen.

Inzwischen alle Früchte für die Füllung in feine Streifen schneiden. Für den Reis den Reisessig mit Zucker, Zitronensaft und Salz unter Rühren erwärmen, bis sich der Zucker gelöst hat, und sofort mit dem heißen Reis vermengen. Das Ganze weitere 10 Minuten geschlossen stehen lassen.

Für den Dip die Mango mit den Chilischoten, dem Zucker, 300 ml Wasser und dem Zitronensaft pürieren.

Für die Sushirolle das Noriblatt auf die Bastmatte legen und ⅛ vom Reis dünn daraufstreichen. Darauf achten, dass am oberen Ende des Blattes ein 2 fingerbreiter Rand bleibt. Auf die Reisschicht aus den geschnittenen Früchten etwa 1 cm vom unteren Rand entfernt einen Streifen legen. Nun das Noriblatt mit Hilfe der Bastmatte möglichst fest einrollen. Zuletzt den freien Rand des Blattes mit Wasser einstreichen und die Ränder fest zusammendrücken.

Die Rolle erst kurz vor dem Servieren in 2 cm breite Scheiben schneiden und auf einem Teller zusammen mit dem Mangodip anrichten.

Glutenfrei

Was
beso

nDEReS

Was beson

DERES

QUETZALCOATL

ergibt 6 Stück

Zebra-Törtchen mit Zitronencreme und Schokosternen

Für den hellen Biskuit
175 g Mehl
125 g Kartoffelmehl
60 g Stärke
200 g Zucker
4 EL Öl
4 EL Sojamehl
250 ml Mineralwasser
1 EL Zitronensaft
1 Prise Salz
1 Pck. Backpulver

Für den dunklen Biskuit
150 g Mehl
125 g Kartoffelmehl
50 g Stärke
50 g Kakao
200 g Zucker
4 EL Öl
4 EL Sojamehl
300 ml Mineralwasser
1 Prise Salz
1 Pck. Backpulver

200 g Zartbitterkuvertüre

Für Creme
300 g Tofu
100 g Margarine
60 g Zucker
1 EL Zitronensaft
Mark von 1 Vanilleschote

30 g Puderzucker

Den Backofen auf 180 °C vorheizen. Dann alle Zutaten für den hellen Biskuit bis auf das Backpulver vermengen und einige Minuten kräftig rühren. Das Backpulver dazugeben. Den Teig in eine Blechkuchenform (30 x 20 cm) geben, 30 Minuten backen. Zum Auskühlen auf ein Gitter stürzen.

Den dunklen Biskuit auf die gleiche Weise backen und ebenfalls auskühlen lassen.

Die Kuvertüre auf dem Wasserbad schmelzen.

Für die Dekoration eine Gabel in die Kuvertüre tauchen und 6 Schokosterne auf ein Backpapier tropfen. Dann die Schokosterne mit dem Papier vorsichtig ins Tiefkühlfach legen.

Für die Creme den Tofu mit allen übrigen Zutaten fein pürieren. Dann nach und nach die restliche geschmolzene Kuvertüre unterheben und die Schoko-Masse kaltstellen, bis sie zäh und streichfähig ist.

Mit einem Servierring (Ø 8 cm) aus beiden Biskuits je 6 Kreise ausstechen. 6 dunkle Biskuitkreise als Böden mit Servierringen umschließen und die Füllung darauf verteilen. Dann die hellen Biskuitböden auflegen, den Ring vorsichtig abziehen und die Törtchen in den Kühlschrank stellen.

Zum Servieren die kalten Törtchen mit Puderzucker bestreuen und je einen Schokoladenstern darauflegen.

Kakao galt bei den Azteken als heilig und wurde verehrt, da er nach ihrem Glauben ein Geschenk des Gottes Quetzalcoatl war.

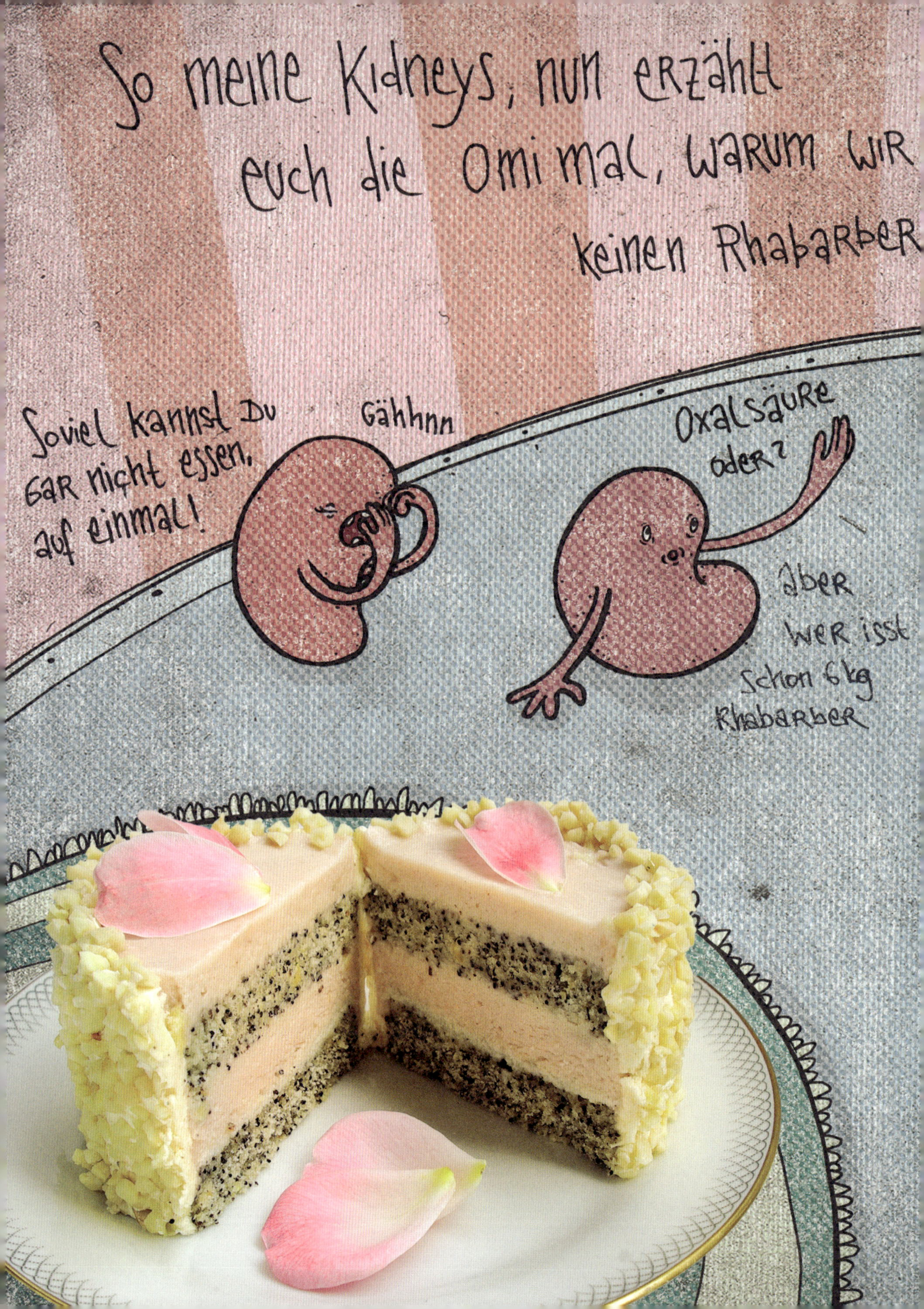
So meine Kidneys, nun erzählt euch die Omi mal, warum wir keinen Rhabarber
Soviel kannst Du gar nicht essen, auf einmal!
Gähhnn
Oxalsäure oder?
Aber wer isst schon 6 kg Rhabarber

mögen...
Die verstopft uns!!
600 mg Säure pro Kilo Körpergewicht sind tödlich!

ergibt 6 Stück

Petit Fours mit Rhabarber und Rosen

Für die Füllung
800 g frischer Rhabarber
6 EL Zucker
600 ml aufschlagbare Sojasahne, gut gekühlt
2 Pck. Sahnestandmittel
230 g Zucker
100 ml roter Saft
1 EL Rosenwasser
5 TL Agar-Agar

Für den Biskuit
100 g Mehl
125 g Kartoffelmehl
50 g Stärke
50 g gemahlene Mandeln
75 g Mohn, gemahlen
160 g Zucker
6 EL Öl
5 EL Sojamehl
225 ml Mineralwasser
Mark von 1 Vanilleschote
1 EL Rosenwasser
2 ½ EL Zitronensaft
1 Prise Salz
1 Pck. Backpulver
½ TL Natron

200 g Marzipan

Für das Frosting
125 g weiche Margarine
50 g weiches Kokosöl
350 g Puderzucker, gesiebt
Mark von 1 Vanilleschote
1 EL Zitronensaft
1 TL Abrieb von 1 unbehandelten Zitrone
1 TL Rosenwasser

250 g Mandelsplitter
1 Rosenblüte

Für die Füllung den Rhabarber großzügig schälen, in Stücke schneiden und in eine Schüssel mit 4 EL Zucker geben. Etwa 20 Minuten Saft ziehen lassen und abgießen. Den Backofen auf 160 °C vorheizen.

Alle Zutaten für den Biskuit bis auf das Backpulver und Natron vermengen und einige Minuten kräftig rühren. Dann das Backpulver und Natron zugeben. Den Teig auf ein mit Backpapier ausgelegtes Backblech streichen, 15 Minuten backen und anschließend zum Auskühlen auf ein Gitter stürzen.

Das Marzipan zwischen Frischhaltefolie dünn ausrollen und mit einem Servierring (Ø 8 cm) 6 Kreise ausstechen und diese kaltstellen.

Für die Füllung die Sojasahne mit dem Sahnestandmittel etwa 5 Minuten steif schlagen und ebenfalls kaltstellen. Den marinierten Rhabarber, Zucker, den roten Saft, das Rosenwasser, den Agar-Agar und Vanillemark 10 Minuten bei geringer Temperatur kochen. Danach etwas abkühlen lassen. Anschließend die Sahne unterheben heben und das Ganze kaltstellen.

Mit dem Servierring aus dem Biskuit 12 Kreise ausstechen. Dann 6 davon als Böden mit Servierringen umschließen, je eine Schicht Marzipan darauflegen und die Hälfte der Rhabarberfüllung darüber verteilen. Die zweiten Biskuitböden auflegen, mit der restlichen Creme bedecken und die Törtchen für 30 Minuten ins Tiefkühlfach stellen.

Für das Frosting die Margarine und das Kokosöl schaumig schlagen, anschließend den Puderzucker sowie alle weiteren Zutaten unterheben und das Ganze kaltstellen. Die gut gekühlten Törtchen vom Tortenring befreien und das Frosting auf die Seiten streichen. Anschließend die Mandelsplitter gleichmäßig darüber verteilen und andrücken. Die Törtchen bis zum Servieren kaltstellen und erst kurz vorher mit den Rosenblättern dekorieren.

Die im Rhabarber enthaltene Oxalsäure kann in sehr hohen Konzentrationen für die Nieren schädlich sein. Jedoch müsste man dazu mehrere Kilo rohen Rhabarber verzehren.

ergibt 8 Stück

Schokoladen-Torte im Erdbeerkleid

Für den Biskuit
125 g Mehl
125 g Kartoffelmehl
50 g Kakao
180 g Zucker
4 EL Öl
3 EL Sojamehl
200 ml Sojamilch
60 ml Mineralwasser
1 EL Zitrone
1 Prise Salz
1 Pck. Backpulver

Für Creme
75 g Kokosöl
150 g Erdbeeren
200 g Tofu
50 ml Sojamilch
100 g Puderzucker
1 EL Zitronensaft
¼ TL Guakernmehl
1 TL Agar-Agar

Für die Dekoration
200 g Zartbitterkuvertüre
8 Erdbeeren,
in Scheiben geschnitten

Die Dekoration solllte nicht allzu lange vorher aufgetragen werden, da sich das Erdbeerkleid nur einige Stunde hält, bevor die Früchte beginnen Wasser zu ziehen.

Den Backofen auf 200 °C vorheizen. Dann alle Zutaten für den Biskuit bis auf das Backpulver vermengen und einige Minuten kräftig rühren. Das Backpulver dazugeben. Den Teig in eine mit Backpapier ausgelegte kleine Springform (Ø 18 cm) geben. Die Form mit einem feuchten Küchenhandtuch umwickeln und mit Alufolie abdecken. Den Biskuit zunächst 40 Minuten abgedeckt backen, dann die Folie entfernen und weitere 20–25 Minuten fertig backen. Den Biskuit anschließend zum Auskühlen auf ein Kuchengitter geben.

Für die Creme das Kokosöl schmelzen. Dann zusammen mit den Erdbeeren, dem Tofu sowie allen übrigen Zutaten sehr fein pürieren. Die Masse 2 Minuten kochen und anschließend unter gelegentlichem Rühren etwas auskühlen lassen.

Den Biskuit quer in der Mitte durchschneiden. Die obere Hälfte zur Seite legen, die untere als Tortenboden auf eine Platte geben und mit einem Tortenring umschließen. Die Creme gleichmäßig auf dem Biskuitboden verteilen. Dann den zweiten Boden auflegen, mit der restlichen Creme bedecken und die Torte für 40 Minuten ins Tiefkühlfach stellen.

Für die Dekoration die Kuvertüre auf dem Wasserbad schmelzen. Die Torte vorsichtig auf ein mit Backpapier unterlegtes Kuchengitter geben und vom Tortenring befreien. Dann die Torte gleichmäßig mit der Kuvertüre überziehen und etwas auskühlen lassen. Ist die Kuvertüre leicht fest, die Erdbeeren vorsichtig rundherum hineindrücken und die Torten bis zum Servieren kaltstellen.

KELLER KUCHEN
CRÊPE
KEKS
WANDS BEKER SPECK
SCHWARZER PETER
KALTER IGEL
KALTE SCHNAUZE
KALTER HUND
LUK ULLUS

ergibt 12 Stück

Dunkle Schokoladen-Crêpe-Torte

Für die Crêpes
200 g Mehl
150 g Kartoffelmehl
2 EL Leinsamen
400 ml Sojamilch
2 El Öl
2 Pck. Vanillezucker
100 g Zucker
1 TL Zitronensaft
½ TL Backpulver

Für die Creme
400 g Zartbitterkuvertüre
300 ml aufschlagbare Sojasahne, gut gekühlt
1 Pck. Sahnestandmittel

Für die Dekoration
200 g Zartbitterkuvertüre
100 g Zucker
1 Korken
4 Holzspieße

Für die Crêpes alle Zutaten bis auf das Backpulver mit 200 ml Wasser gut vermengen und 20 Minuten durchziehen lassen. Dann das Backpulver unterrühren. Eine beschichtete Pfanne mit Öl erhitzen und 10 Crêpes braten. Diese abgedeckt auf einem Teller warm halten.

Für die Creme die kalte Sahne mit dem Sahnestandmittel etwa 5 Minuten steif schlagen und kaltstellen. Die Kuvertüre auf dem Wasserbad schmelzen und etwas abkühlen lassen. Dann die Sahne darunterheben und die Masse kaltstellen bis, sie streichfähig ist.

Für die Torte die Crêpes jeweils mit der Schokoladencreme bestreichen, übereinanderstapeln und das Ganze für 30 Minuten ins Tiefkühlfach geben.

Für die Dekoration die Kuvertüre auf dem Wasserbad schmelzen. Dann die kalte Torte gleichmäßig mit der Schokolade überziehen und im Kühlschrank kaltstellen.

Den Zucker in einem Topf kurz karamellisieren und das Karamell abkühlen lassen, bis es sehr zähflüssig ist. Die 4 Holzspieße in den Korken stecken. Dann die Holzstäbe in das Karamell tauchen und vorsichtig mit den Fäden ein Netz auf die kalte Torte »spinnen«.

Alternativ kann man das Karamellnetz auch zunächst auf einem Backpapier »spinnen« und später auf die Torte setzen.

DESTILLERIE
Rose & Water.

ergibt 12 Stück

Kokos-Rosen-Torte

Für den Biskuit
170 g Mehl
80 g Kartoffelmehl
160 g Zucker
5 EL Öl
6 EL Sojamehl
225 ml Sojamilch
Abrieb von 1 unbehandelten Zitrone
Mark von 1 Vanilleschote
1 EL Rosenwasser
1 EL Zitronensaft
1 Prise Salz
2 TL Backpulver
1 TL Natron

Für die Füllung
600 ml aufschlagbare Sojasahne, gut gekühlt
2 Pck. Sahnestandmittel
200 ml Sojamilch
4 EL Zucker
Saft und Abrieb von 1 unbehandelten Zitrone
5 TL Rosenwasser
4 TL Agar-Agar
Mark von 1 Vanilleschote

Für das Frosting
100 g weiche Margarine
25 g weiches Kokosöl
250 g Puderzucker, gesiebt
1 TL Rosenwasser

200 g Kokosraspel
unbehandelte Rosenblätter

Den Backofen auf 160 °C vorheizen. Dann alle Zutaten für den Biskuit bis auf das Backpulver und Natron vermengen und einige Minuten kräftig rühren. Das Backpulver und Natron dazugeben. Den Teig in eine mit Backpapier ausgelegte Springform geben, 35 Minuten backen und anschließend etwas abkühlen lassen.

Den Rand des Biskuits vorsichtig von der Form lösen und den Biskuit zum weiteren Auskühlen auf ein Gitter stürzen. Den ausgekühlten Biskuit quer in der Mitte durchschneiden. Die obere Hälfte zur Seite legen, die untere als Tortenboden auf eine Platte geben und mit einem Tortenring umschließen.

Für die Füllung die kalte Sojasahne mit dem Sahnestandmittel etwa 5 Minuten steif schlagen und kaltstellen.

Die Sojamilch, den Zucker, Zitronensaft und -abrieb, das Rosenwasser, Agar-Agar und Vanillemark unter Rühren 2 Minuten aufkochen. Danach etwas abkühlen lassen. Anschließend die Sahne unterheben und das Ganze kaltstellen.

Etwa 30 g der Kokosraspel auf dem Biskuitboden verteilen, dann die Hälfte der Füllung darübergeben. Den zweiten Boden vorsichtig darauflegen und ebenfalls mit Kokosraspeln bestreuen, dann die restliche Füllung daraufstreichen. Die Torte für 30 Minuten ins Tiefkühlfach stellen.

Für das Frosting die Margarine und das Kokosöl schaumig schlagen, anschließend den Puderzucker und das Rosenwasser unterheben, das Ganze kaltstellen. Die gut gekühlte Torte vom Tortenring befreien und das Frosting gleichmäßig auf Tortendeckel und -seiten verteilen. Anschließend die restlichen Kokosstreusel gleichmäßig darüber verteilen und andrücken.

Die Torte bis zum Servieren im Kühlschrank aufbewahren und erst kurz vorher mit den Rosenblättern dekorieren.

Rosenwasser ist ein Hydrolat. Es entsteht bei der Abkühlung des Destillationsdampfes als Kondensat einer Wasserdampfdestillation.

ergibt 12 Stück

Mango-Kokos-Torte

Für den Biskuit
150 g Mehl
80 g Kartoffelmehl
70 g Kokosraspel
200 g Zucker
6 EL Öl
5 EL Sojamehl
225 ml Mineralwasser
Saft und Abrieb von
1 unbehandelten Zitrone
1 gestrichener TL Kurkuma
1 Prise Salz
1 Pck. Backpulver

Für die Füllung
2 Mangos, geschält und entkernt
500 g Sojajoghurt
50 g Kokosöl
60 g Zucker
4 TL Agar-Agar
Abrieb von ½ unbehandelten Orange
Mark von 1 Vanilleschote

Für das Topping
1 Mango
100 ml Wasser
40 g Zucker
2 TL Agar-Agar

Für das Frosting
100 g weiche Margarine
25 g weiches Kokosöl
250 g Puderzucker, gesiebt

100 g Kokosraspel

Den Backofen auf 160 °C vorheizen. Dann alle Zutaten für den Biskuit bis auf das Backpulver vermengen und einige Minuten kräftig rühren. Das Backpulver dazugeben. Dann den Teig in eine mit Backpapier ausgelegte Springform geben, 35 Minuten backen und anschließend etwas abkühlen lassen. Den Rand des Biskuits vorsichtig von der Form lösen und den Biskuit zum Auskühlen auf ein Gitter stürzen.

Den ausgekühlten Biskuit quer in der Mitte durchschneiden. Die obere Hälfte zur Seite legen, die untere als Tortenboden auf eine Platte geben und mit einem Tortenring umschließen.

Für die Füllung die Mangos mit dem Sojajoghurt pürieren. Dann mit dem Kokosöl, Orangenabrieb, Zucker, Agar-Agar und Vanillemark 2 Minuten bei geringer Temperatur kochen. Danach etwas abkühlen lassen.

Die Hälfte der Füllung gleichmäßig auf dem Biskuitboden verteilen. Den zweiten Boden auflegen, mit der restlichen Füllung bedecken und die Torte für 30 Minuten ins Tiefkühlfach geben.

Für das Topping 6 Scheiben der Mango und einen Streifen der Schale für die Deko beiseite legen. Das restliche Fruchtfleisch pürieren. Alle weiteren Zutaten für das Topping 2 Minuten aufkochen und etwas abkühlen lassen.

Das Topping gleichmäßig über die Torte gießen. Dann die Mangoscheiben sternförmig darauf verteilen. Anschließend die Mangoschale quer einschneiden, zu einer Locke biegen, zusammenstecken und in die Mitte setzen. Die Torte weitere 10 Minuten ins Tiefkühlfach stellen.

Für das Frosting die Margarine und das Kokosöl schaumig schlagen, anschließend den Puderzucker unterheben und das Ganze kaltstellen. Die gut gekühlte Mangotorte vom Tortenring befreien und das Frosting auf die Seiten streichen. Anschließend die Kokosraspel gleichmäßig darüber verteilen und andrücken. Bis zum Servieren im Kühlschrank aufbewahren.

Etymologie
arabisch
banan = Finger

ergibt 12 Stück

Bananen-Rum-Torte

Für den Biskuit
180 g Mehl
150 g Kartoffelmehl
50 g Stärke
200 g Zucker
6 EL Öl
5 EL Sojamehl
225 ml Mineralwasser
2 reife Bananen
4 EL Rum
1 EL Zitronensaft
1 Prise Salz
½ TL Natron
1 Pck. Backpulver

Für die Creme
200 ml Kokosmilch
80 g Zucker
Saft und Abrieb von
1 unbehandelten Zitrone
½ TL Kurkuma
1 Prise Salz
2 TL Agar-Agar
2 Bananen, in Stücke geschnitten
300 ml aufschlagbare Kokos- oder Sojasahne, gut gekühlt
1 Pck. Sahnestandmittel

4 EL Rum

Für die Dekoration
200 g Zucker
2 EL Öl
3 Bananen
2 EL Rum
30 g geröstete, gesalzene Erdnüsse
10 g getrocknete Blüten

Den Backofen auf 200 °C vorheizen. Dann alle Zutaten für den Biskuit bis auf das Backpulver vermengen und einige Minuten kräftig rühren. Das Backpulver dazugeben. Den Teig in eine mit Backpapier ausgelegte Springform geben. Die Form mit einem feuchten Küchenhandtuch umwickeln und mit Alufolie abdecken. Den Biskuit zunächst 40 Minuten abgedeckt backen, dann die Folie entfernen und weitere 20–25 Minuten fertig backen. Den Biskuit anschließend zum Auskühlen auf ein Kuchengitter geben.

Für die Creme die Kokosmilch mit dem Zucker, dem Zitronensaft und -abrieb, dem Kurkuma, dem Salz sowie dem Agar-Agar 2 Minuten kochen. Dann die Bananenstücke hinzugeben, das Ganze fein pürieren und unter gelegentlichem Rühren etwas auskühlen lassen. Die kalte Kokos- oder Sojasahne mit dem Sahnestandmittel etwa 5 Minuten steif schlagen, dann nach und nach die Bananenmasse unterheben.

Den Biskuit quer in der Mitte durchschneiden. Die obere Hälfte zur Seite legen, die untere als Tortenboden auf eine Platte geben und mit einem Tortenring umschließen. Dann den Boden mit 4 EL Rum beträufeln. Die Hälfte der Creme gleichmäßig auf dem Biskuitboden verteilen. Dann den zweiten Boden auflegen, mit der restlichen Creme bedecken und die Torte in den Kühlschrank stellen.

Für die Dekoration den Zucker in einem Topf kurz karamellisieren, auf eine mit Öl bestrichene Alufolie gießen und das Karamell zu einer Platte auskühlen lassen. 2 Bananen längs vierteln und in einer Pfanne anbraten, dann mit etwas Zucker bestreuen und mit dem Rum ablöschen. Die Torte mit den gebratenen Bananen belegen und mit Erdnüsse bestreuen. Dann die Karamellplatte in Splitter brechen und diese ringsherum in die Creme stecken.

Zum Servieren die übrige Banane in Scheiben schneiden. Dann die Torte mit den Bananenscheiben und den getrockneten Blüten verzieren.

Der Name »Banane« leitet sich vom arabischen Wort »banan« ab, das Finger bedeutet. Botanisch gesehen, gilt die Banane als eine Beere.

VINO
Gelatine

VINO
mineralerde

ergibt 12 Stück

Schachbrett-Torte mit

Für den Rotwein-Biskuit
160 g Mehl
160 g Kartoffelmehl
50 g Stärke
60 g Kakao
275 g Zucker
8 EL Öl
7 EL Sojamehl
200 ml Mineralwasser
125 ml Rotwein
1 Prise Salz
½ TL Natron
1 Pck. Backpulver

Für den Haselnuss-Biskuit
160 g Mehl
160 g Kartoffelmehl
50 g Stärke
80 g Haselnusskerne, gemahlen
275 g Zucker
6 EL Öl
5 EL Sojamehl
300 ml Mineralwasser
1 TL Abrieb von
1 unbehandelten Zitrone
1 EL Zitronensaft
Mark von 1 Vanilleschote
1 Prise Salz
½ TL Natron
1 Pck. Backpulver

Den Backofen auf 200 °C vorheizen. Dann alle Zutaten für den Rotwein-Biskuit bis auf Backpulver und Natron vermengen und einige Minuten kräftig rühren. Dann das Backpulver und das Natron zugeben. Den Teig in eine mit Backpapier ausgelegte Springform geben. Den Biskuit zunächst 50 Minuten abgedeckt backen, dann die Folie entfernen und weitere 20–25 Minuten fertig backen. Anschließend zum Auskühlen auf ein Kuchengitter geben.

Den Haselnuss-Biskuit auf die gleiche Weise backen und ebenfalls auskühlen lassen.

Für das Vanille-Frosting die Margarine schaumig schlagen und alle weiteren Zutaten untermischen.

Beide Biskuits quer in der Mitte durchschneiden und alle 4 Böden nebeneinanderlegen. Diese werden nun – zum Beispiel mit Hilfe eines verstellbaren Tortenrings – in jeweils 3 gleichmäßige Ringe zerteilt. Der innere Kreis sollte etwa einen Durchmesser von 6 cm haben und der mittlere etwa 18 cm.

Für die erste Lage des Schachbrettmusters einen äußeren dunklen Ring auf eine Tortenplatte setzen und einen mittleren hellen Ring passgenau einsetzen. Dann den inneren Kreis eines dunklen Biskuits in die Mitte legen. Die dunklen Bodenteile mit etwas Rotwein einpinseln. Anschließend den gesamten Boden mit ⅓ des Vanille-Frostings bestreichen.

Was ist denn an Wein nicht vegan? Trauben, Zucker und Hefe, geht doch alles! Jedoch gibt es in der Schönungsphase einige Zusätze, die nicht vegan sind, wie Gelatine oder Fischblase. Sie werden zum Beispiel zum Entfernen der Trübstoffe eingesetzt.

Rotwein + Haselnuss-Biskuit

Für das Vanille-Frosting
125 g Margarine
200 g Puderzucker
1 EL Zitronensaft
Mark von 1 Vanilleschote

200 ml Rotwein

Für das Schokoladen-Frosting
200 g Margarine
250 g Puderzucker
1 EL Zitronensaft
50 g Kakao
50 g Schokoladensplitter

Für die Dekoration
50 g Zartbitterkuvertüre
30 g Kakao

Für die zweite Biskuitlage einen äußeren hellen Ring, einen mittleren dunklen und einen inneren hellen Kreis über das Frosting geben und alles vorsichtig zu einem Boden zusammendrücken. Dann wieder die dunklen Bodenteile mit Rotwein bepinseln und etwas Frosting darüberstreichen. Auf diese Weise weiterverfahren. Anschließend die Torte für 20 Minuten in den Kühlschrank stellen.

Für das Schokoladen-Frosting die Margarine schaumig schlagen und alle weiteren Zutaten untermischen. Dann die gekühlte Torte rundherum mit dem Frosting verkleiden, dann die Schokoladensplitter sanft darauf andrücken.

Die Kuvertüre auf dem Wasserbad schmelzen und mit einer Gabel ein Schoko-Gitter auf ein Backpapier tropfen. Dieses etwa 5 Minuten im Tiefkühlfach fest werden lassen.

Die gut gekühlte Torte mit dem Kakao bestauben und das Schoko-Gitter sanft in das Frosting drücken.

LAPHROAIG
25
17
HIBIKI
SLYRS
DALMORE
ARDBEG
TEN
10
THE
LADDIE
TEN
MONKEY
SHOULDER
JURA
CAOLILA
10
OCTOMORE

ergibt 8 Stück

Dunkle Schokoladen-Whisky-Torte

Für den Biskuit
125 g Mehl
125 g Kartoffelmehl
50 g Kakao
180 g Zucker
4 EL Öl
3 EL Sojamehl
200 ml Sojamilch
60 ml Mineralwasser
1 EL Zitrone
1 Prise Salz
1 Pck. Backpulver

Für Creme
300 g Zartbitterkuvertüre
350 g Tofu
8 EL rauchiger Whisky
(z.B. Laphroaig)
150 g Margarine
100 g Zucker
1 EL Zitronensaft
½ TL frisch gemahlener Pfeffer

Für die Dekoration
10 Weintrauben
200 g Zucker
30 g Kakao

Schnur
10 Holzspieße
10 Wäscheklammern

Den Backofen auf 200 °C vorheizen. Dann alle Zutaten für den Biskuit bis auf das Backpulver und Natron vermengen und einige Minuten kräftig rühren. Anschließend das Backpulver und Natron dazugeben. Den Teig in eine mit Backpapier ausgelegte kleine Springform (Ø 18 cm) geben. Den Biskuit zunächst 40 Minuten abgedeckt backen, dann die Folie entfernen und weitere 20–25 Minuten fertig backen. Den Biskuit anschließend zum Auskühlen auf ein Kuchengitter geben.

Für die Creme die Kuvertüre auf dem Wasserbad schmelzen. Dann den Tofu mit 4 EL Whisky sowie allen übrigen Zutaten sehr fein pürieren, nach und nach die geschmolzene Kuvertüre unterheben und die Masse in den Kühlschrank stellen.

Den Biskuit quer in der Mitte durchschneiden. Die obere Hälfte zur Seite legen, die untere als Tortenboden auf eine Platte geben, mit einem Tortenring umschließen und mit den restlichen 4 EL Whisky beträufeln. Dann etwa ⅔ der Creme gleichmäßig auf dem Biskuitboden verteilen, den zweiten Boden auflegen und die Torte für 30 Minuten ins Tiefkühlfach stellen.

Die gut gekühlte Torte oben und an den Seiten mit der übrigen Creme überziehen und das Ganze in den Kühlschrank stellen.

Für die Dekoration eine Schnur spannen, die Weintrauben auf die Holzspießen stecken. Dann den Zucker mit 3 EL Wasser in einem Topf einkochen, goldbraun karamellisieren und zu einer zähflüssigen Masse abkühlen lassen. Die aufgespießten Trauben in den Karamell tauchen und langsam herausziehen, sodass ein »Schweif« entsteht. Die Karamell-Trauben zum Auskühlen mit der Wäscheklammer kopfüber an die Schnur hängen.

Zum Servieren die kalte Torte mit Kakao bestauben und mit den Karamell-Trauben dekorieren.

Familie
der Rauten

ergibt 12 Stück

Zitronen-Orangen-Torte

Für den Zitronen-Biskuit
200 g Mehl
125 g Kartoffelmehl
75 g Stärke
225 g Zucker
6 EL Öl
5 EL Sojamehl
275 ml Mineralwasser
Abrieb von 2 unbehandelten Zitronen
Saft von 1 Zitrone
1 Prise Salz
1 Pck. Backpulver
½ TL Natron

Für die Füllung
50 g Kokosöl
200 ml Sojasahne
100 g Zucker
2 EL Orangenwasser
Mark 1 Vanilleschote
¼ TL Kurkuma
2 TL Agar-Agar
Saft und Abrieb von
2 unbehandelten Orangen
1 Prise Salz
300 ml aufschlagbare Sojasahne,
gut gekühlt
1 Pck. Sahnestandmittel

Für das Frosting
70 g Margarine
70 g Puderzucker

Den Backofen auf 200 °C vorheizen. Dann alle Zutaten für den Biskuit bis auf das Backpulver und Natron vermengen und einige Minuten kräftig rühren. Das Backpulver und Natron dazugeben. Den Teig in eine mit Backpapier ausgelegte Springform geben. Den Biskuit zunächst 40 Minuten abgedeckt backen, dann die Folie entfernen und weitere 20–25 Minuten fertig backen. Den Biskuit anschließend zum Auskühlen auf ein Kuchengitter geben.

Für die Füllung das Kokosöl schmelzen. Dann zusammen mit der Sojasahne, dem Zucker, Orangenwasser, Kurkuma, Agar-Agar, dem Saft, Abrieb der Orange und dem Salz 2 Minuten kochen. Anschließend unter gelegentlichem Rühren etwas auskühlen lassen. Die kalte Sojasahne mit dem Sahnestandmittel etwa 5 Minuten steif schlagen, dann nach und nach die Orangenmasse unterheben.

Den Biskuit auf eine Platte geben und mit einem Tortenring umschließen. Dann die Füllung daraufgeben und das Ganze für 30 Minuten ins Tiefkühlfach geben.

Für das Frosting die Margarine schaumig schlagen, den Puderzucker untermischen.

Für den Muster-Biskuit alle Zutaten vermengen, ¼ des Teiges mit dem Kakao und der Sojamilch mischen. Dann mit einem Backpinsel breite, etwa 2 mm hohe Streifen auf ein mit Backpapier ausgelegtes Backblech streichen. Die Streifen etwa 5 Minuten backen, das Blech aus dem Ofen nehmen und den restlichen Teig gleichmäßig darübergeben.

im Muster-Mantel

Für den Muster-Biskuit
100 g Mehl
100 g Kartoffelmehl
30 g Stärke
4 EL Sojamehl
160 g Zucker
4 EL Öl
200 ml Sojamilch
1 EL Leinsamen
Mark 1 Vanilleschote
Saft und Abrieb von
1 unbehandelten Zitrone
1 Prise Salz

Für die Dekoration
2 unbehandelte Orangen
2 unbehandelte Zitronen
450 g Zucker
2 El Kakao
1 EL Sojamilch

10 g getrocknete Blütenblätter

Dann das Ganze weitere 15 Minuten backen und zum Auskühlen mit einem Küchentuch abdecken, damit der Muster-Biskuit nicht austrocknet. Den abgekühlten Mantel an den Rändern begradigen, dann in gleichmäßige Streifen von etwa 4 cm schneiden.

Die gut gekühlte Torte vorsichtig vom Tortenring befreien und ringsherum mit dem Frosting bestreichen. Dann den Biskuit-Mantel sanft um den Tortenrand legen, andrücken und die Torte in den Kühlschrank stellen.

Für die Dekoration die Orangen- und Zitronenschale mit einem Sparschäler in möglichst zusammenhängenden Streifen abziehen. Den Zucker mit 300 ml Wasser aufkochen und die Zitronen- und Orangenschalenstreifen darin für 10 Minuten köcheln. Danach herausnehmen, zu »Rosen« aufrollen und auf ein Backpapier setzen. Anschließend die »Rosen« mit etwas Zucker bestreuen und trocknen lassen.

Zum Servieren die gekühlte Torte mit den Zitrusrosen und den Blütenblättern verzieren.

GINGEROL
antiviral

ergibt 12 Stück

Matcha-Biskuit-Torte mit Ingwer-Creme

Für den Biskuit
180 g Mehl
140 g Kartoffelmehl
70 g Stärke
3 EL Matchapulver
200 g Zucker
6 EL Öl
5 EL Sojamehl
275 ml Mineralwasser
1 EL Zitronensaft
1 Prise Salz
½ TL Natron
1 Pck. Backpulver

Für die Füllung
250 g Ingwer, in Scheiben geschnitten
50 g Kokosöl
200 ml Sojamilch
90 g Zucker
Saft und Abrieb von 1 unbehandelten Zitrone
1 Prise Salz
2 TL Agar-Agar
300 ml aufschlagbare Kokos- oder Sojasahne, gut gekühlt
1 Pck. Sahnestandmittel

Für das Topping
1 kleine Mango, entkernt
3 EL Zucker
1 gestrichener TL Agar-Agar

Für die Dekoration
100 g Zucker
1 Korken
4 Holzspieße

Den Backofen auf 200 °C vorheizen. Dann alle Zutaten für den Biskuit bis auf das Backpulver vermengen und einige Minuten kräftig rühren. Das Backpulver dazugeben. Den Teig in eine mit Backpapier ausgelegte Springform geben. Die Form mit einem feuchten Küchenhandtuch umwickeln und mit Alufolie abdecken. Den Biskuit zunächst 40 Minuten abgedeckt backen, dann die Folie entfernen und weitere 20–25 Minuten fertig backen. Den Biskuit anschließend zum Auskühlen auf ein Kuchengitter geben.

Für die Füllung das Kokosöl schmelzen und mit der Sojamilch, dem Zucker, dem Zitronensaft und -abrieb, dem Salz, dem Agar-Agar und den Ingwerscheiben 10 Minuten kochen. Danach das Ganze fein pürieren und unter gelegentlichem Rühren etwas auskühlen lassen.

Die kalte Kokos- oder Sojasahne mit dem Sahnestandmittel etwa 5 Minuten steif schlagen, dann nach und nach die Ingwermasse unterheben.

Den Biskuitboden mit einem Tortenring umschließen, die Füllung gleichmäßig über den Boden verteilen und die Torte in den Kühlschrank stellen.

Für das Topping die Mango mit 100 ml Wasser pürieren. Dann mit dem Zucker und Agar-Agar etwa 2 Minuten aufkochen und etwas auskühlen lassen. Anschließend das Mango-Topping vorsichtig über die Torte geben und diese weitere 20 Minuten kaltstellen.

Den Zucker in einem Topf kurz karamellisieren und das Karamell abkühlen lassen, bis es sehr zähflüssig ist. Die 4 Holzspieße in den Korken stecken. Dann die Holzstäbe in das Karamell tauchen und vorsichtig mit den Fäden ein Netz auf die kalte Torte »spinnen«.

Alternativ kann man das Karamellnetz auch zunächst auf einem Backpapier »spinnen« und später auf die Torte setzen.

Die Geht doch mit der
Feig' hausieren!

Champa

ergibt 12 Stück

Feigen-Torte mit

Für den Biskuit
125 g Mehl
125 g Kartoffelmehl
50 g Kakao
180 g Zucker
4 EL Öl
3 EL Sojamehl
200 ml Sojamilch
60 ml Mineralwasser
1 EL Zitronensaft
1 Prise Salz
1 Pck. Backpulver

Für die Füllung
2 Nelken
1 Sternanis
1 Kardamom-Kapsel
75 g Kokosöl
400 g frische Feigen
100 getrocknete Feigen
200 ml Sojasahne
80 g Zucker
2 EL Zitronensaft
2 TL Agar-Agar
1 TL Zimt

300 ml aufschlagbare Sojasahne, gut gekühlt
1 Pck. Sahnestandmittel

Den Backofen auf 200 °C vorheizen. Dann alle Zutaten für den Biskuit bis auf das Backpulver vermengen und einige Minuten kräftig rühren. Das Backpulver dazugeben. Den Teig in eine mit Backpapier ausgelegte Springform geben.

Den Biskuit zunächst 30 Minuten abgedeckt backen, dann die Folie entfernen und weitere 20-25 Minuten fertig backen. Den Biskuit anschließend zum Auskühlen auf ein Kuchengitter geben.

Für die Füllung die Gewürze mit einem Mörser fein zermahlen. Dann das Kokosöl schmelzen und zusammen mit der Sojasahne, dem Zucker, dem Zitronensaft, dem Agar-Agar, dem Zimt und den Feigen 10 Minuten kochen. Das Ganze fein pürieren und unter gelegentlichem Rühren etwas auskühlen lassen.

Die kalte Sojasahne mit dem Sahnestandmittel etwa 5 Minuten steif schlagen, dann nach und nach die Feigenmasse unterheben.

Den Biskuitboden mit einem Tortenring umschließen, die Füllung gleichmäßig über den Boden verteilen und die Torte in den Kühlschrank stellen.

Tapioka ist eine nahezu geschmacksneutrale Stärke, die aus der Maniokwurzel hergestellt wird. Tapioka kann ähnlich wie Sago zum Kochen oder Backen verwendet werden. Es gibt sie in Form von feinen, weißen Stärkekügelchen oder als dünne, getrocknete Flocken.

Tapioka-»Kaviar«

Für den »Kaviar«
50 ml Rote-Bete-Saft
60 g Zucker
Saft von 1 Zitrone
50 g Tapioka-Perlen
1 EL Öl

Für den »Kaviar« 250 ml Wasser in einem beschichteten Topf mit dem Rote-Bete-Saft, dem Zucker und dem Zitronensaft aufkochen. Dann die Tapioka-Perlen hinzugeben und das Ganze 25 Minuten bei geschlossenem Deckel und bei geringer Temperatur kochen.

Die körnige Masse in einem Küchensieb abtropfen und unter gelegentlichem Rühren auskühlen lassen. Anschließend in einer Schüssel mit dem Öl vermengen.

Die gut gekühlte Feigen-Torte vom Tortenring befreien. Dann die Feigenscheiben und den Tapioka-»Kaviar« auf der Torte verteilen und diese bis zum Servieren im Kühlschrank aufbewahren.

»Mit der Feig' hausieren gehen«, eine Wiener Redewendung, die den Broterwerb von Frauen im Rotlichtmilieu umschreibt. Ein »Feigen-Tandler« wäre dementsprechend ein Schürzenjäger.

Sweet
GOO

D
Bye

Sweet Good

Bye

2.
Hefe
3.
1.
Zucker
Zweite
Flaschengärung

ergibt 20 Stück

Petit Fours mit Himbeeren und Sekt

Für die Füllung
800 g frischer Rhabarber
6 EL Zucker
600 ml aufschlagbare Sojasahne, gut gekühlt
2 Pck. Sahnestandmittel
230 g Zucker
100 ml roter Saft
1 EL Rosenwasser
5 TL Agar-Agar

Für den Biskuit
100 g Mehl
125 g Kartoffelmehl
50 g Stärke
50 g gemahlene Mandeln
75 g Mohn, gemahlen
160 g Zucker
6 EL Öl
5 EL Sojamehl
225 ml Mineralwasser
Mark von 1 Vanilleschote
1 EL Rosenwasser
2 ½ EL Zitronensaft
1 Prise Salz
1 Pck. Backpulver
½ TL Natron

200 g Marzipan

Für das Frosting
125 g weiche Margarine
50 g weiches Kokosöl
350 g Puderzucker, gesiebt
Mark von 1 Vanilleschote
1 EL Zitronensaft
1 TL Abrieb von 1 unbehandelten Zitrone
1 TL Rosenwasser

250 g Mandelsplitter
1 Rosenblüte

Für die Füllung den Rhabarber großzügig schälen, in Stücke schneiden und in eine Schüssel mit 4 EL Zucker geben. Etwa 20 Minuten Saft ziehen lassen und abgießen. Den Backofen auf 160 °C vorheizen.

Alle Zutaten für den Biskuit bis auf das Backpulver und Natron vermengen und einige Minuten kräftig rühren. Dann das Backpulver und das Natron zugeben. Den Teig auf ein mit Backpapier ausgelegtes Backblech streichen, 15 Minuten backen und anschließend zum Auskühlen auf ein Gitter stürzen.

Das Marzipan zwischen Frischhaltefolie dünn ausrollen und mit einem Servierring (Ø 8 cm) 6 Kreise ausstechen und diese kaltstellen.

Für die Füllung die Sojasahne mit dem Sahnestandmittel etwa 5 Minuten steif schlagen und ebenfalls kaltstellen. Den marinierten Rhabarber, Zucker, Saft, Rosenwasser, Agar-Agar und Vanillemark 10 Minuten bei geringer Temperatur kochen. Danach etwas abkühlen lassen. Anschließend die Sahne unterheben und das Ganze kaltstellen.

Mit dem Servierring aus dem Biskuit 12 Kreise ausstechen. Davon 6 als Böden mit Servierringen umschließen, je eine Schicht Marzipan darauflegen und die Hälfte der Rhabarberfüllung darüber verteilen. Die zweiten Biskuitböden auflegen, mit der restlichen Creme bedecken und die Törtchen für 30 Minuten ins Tiefkühlfach stellen.

Für das Frosting die Margarine und das Kokosöl schaumig schlagen, anschließend Puderzucker sowie alle weiteren Zutaten unterheben und das Ganze kaltstellen.

Die gut gekühlten Törtchen vom Tortenring befreien und das Frosting auf die Seiten streichen. Anschließend die Mandelsplitter gleichmäßig darüber verteilen und andrücken.

Die Törtchen bis zum Servieren kaltstellen und erst kurz vorher mit den Rosenblättern dekorieren.

ergibt 30 Stück

Schokoladen-Orangen-Konfekt

Für den Biskuit
250 g Mehl
75 g Kartoffelmehl
75 g Stärke
50 g Kakao
225 g Zucker
8 EL Öl
5 EL Sojamehl
300 ml Mineralwasser
Abrieb und Saft von
1 unbehandelten Orange
1 TL Zimt
1 Prise Salz
1 Pck. Backpulver

Für die Orangencreme
600 ml aufschlagbare Sojasahne,
gut gekühlt
2 Pck. Sahnestandmittel
75 g Kokosöl
50 g Zucker
200 ml Orangensaft
Abrieb und Saft von
2 unbehandelten Orangen
5 TL Agar-Agar
Mark von 2 Vanilleschoten

Für das Gelee
500 ml Orangensaft
1 TL Zimt
2 EL Zucker
2 TL Agar-Agar

400 g Zartbitterkuvertüre
Zesten von 1 Orange

Den Backofen auf 160 °C vorheizen. Dann alle Zutaten für den Biskuit bis auf Backpulver vermengen und einige Minuten kräftig rühren. Das Backpulver dazugeben. Den Teig auf ein mit Backpapier ausgelegtes Backblech streichen, 15 Minuten backen, anschließend zum Auskühlen auf ein Gitter stürzen.

Für die Orangencreme die kalte Sojasahne mit dem Sahnestandmittel etwa 5 Minuten steif schlagen und kaltstellen. Das Kokosöl, den Zucker, den Orangensaft und -abrieb, den Agar-Agar und das Vanillemark 10 Minuten bei geringer Temperatur kochen. Danach etwas abkühlen lassen. Anschließend die Sahne unterheben und die Füllung kaltstellen.

Die Ränder des abgekühlten Biskuitbodens gerade schneiden und den Biskuit mit einem eckigen Tortenring umschließen. Die Creme gleichmäßig und glatt darauf verteilen und für 20 Minuten in Tiefkühlfach oder für 1 Stunde in den Kühlschrank geben. Falls zu wenig Platz zum Kühlen ist, den Boden einfach in zwei gleich große Hälften teilen und mit 2 Stücken weiterarbeiten.

Für das Gelee alle Zutaten 2 Minuten zusammen aufkochen. Danach etwas abkühlen lassen. Die Orangen-Zimt-Masse vorsichtig über die Orangen-Füllung geben und das Ganze weitere 20 Minuten tiefkühlen.
Für die Dekoration die Kuvertüre auf dem Wasserbad schmelzen.

Den gekühlten Orangenbiskuit in 30 gleichmäßige Stücke schneiden. Die Stücke mit einer Pralinengabel in die Kuvertüre tauchen, sodass alle Seiten von Schokolade umhüllt sind, gut abtropfen und zum Auskühlen auf ein mit Folie oder Backpapier unterlegtes Kuchengitter setzen. Ist die Kuvertüre leicht fest, das Konfekt mit den Orangenzesten verzieren und bis zum Servieren im Kühlschrank aufbewahren.

Schon von der Antike bis ins Christentum werden Zitrusfrüchte mit der ewigen Jugend oder dem ewigen Leben in Verbindung gebracht.

ergibt 30 Stück

Weisswein-Minz-Konfekt

Für den Biskuit
180 g Mehl
125 g Kartoffelstärke
50 g Kakao
200 g Zucker
8 EL Öl
5 EL Sojamehl
225 ml Mineralwasser
3 EL Zitronensaft
1 Prise Salz
1 Pck. Backpulver

50 g Schokoladensplitter

Für das Gelee
1 l Weißwein
30 g Minze
3 leicht gehäufte TL Agar-Agar

Für die Himbeerfüllung
600 g Himbeeren
60 g Zucker
2 TL Agar-Agar

Für die Dekoration
400 g Zartbitterkuvertüre
30 Minzblättchen

Den Backofen auf 160 °C vorheizen. Dann alle Zutaten für den Biskuit bis auf das Backpulver vermengen und einige Minuten kräftig rühren. Das Backpulver dazugeben und die Schokoladensplitter unterheben. Den Teig auf ein mit Backpapier ausgelegtes Backblech streichen, 15 Minuten backen, anschließend zum Auskühlen auf ein Gitter stürzen.

Die Ränder des ausgekühlten Biskuits gerade schneiden und den Boden mit einem eckigen Tortenring umschließen. Die Füllung gleichmäßig und glatt darauf verteilen und für 20 Minuten in Tiefkühlfach oder für 1 Stunde in den Kühlschrank geben. Falls wenig Platz zum Kühlen ist, den Boden einfach in zwei gleich große Hälften teilen und mit 2 Stücken weiterarbeiten.

Für das Gelee den Weißwein mit der Minze pürieren und mit dem Agar-Agar 2 Minuten kochen. Etwas abkühlen lassen. Die Weinmasse gleichmäßig auf dem abgekühlten Biskuit verteilen und weitere 10 Minuten tiefkühlen.

Für die Füllung die Himbeeren durch ein Sieb streichen. 150 ml Wasser mit dem Zucker und Agar-Agar 2 Minuten kochen, etwas abkühlen lassen und unter die Himbeeren mischen. Die Himbeerfüllung gleichmäßig über die Weinschicht geben und weitere 10 Minuten tiefkühlen.

Die Kuvertüre auf dem Wasserbad schmelzen. Den gekühlten Biskuit in etwa 30 Stücke schneiden. Die Stücke mit einer Pralinengabel in die Kuvertüre tauchen, sodass alle Seiten von Schokolade umhüllt sind, gut abtropfen und zum Auskühlen auf ein mit Folie oder Backpapier unterlegtes Kuchengitter setzen. Ist die Kuvertüre leicht fest, das Konfekt mit den Minzblättchen verzieren und bis zum Servieren im Kühlschrank aufbewahren.

ergibt 15 Stück

Mini-Gugelhupf »Joghurt-Rosmarin« mit Himbeeren

Für den Teig
100 g Sojajoghurt
100 g Mehl
100 g Zucker
1 EL Öl
2 EL Sojamehl
Abrieb und Saft von
½ unbehandelten Zitrone
3 EL gehackte Rosmarinblättchen
1 Prise Salz

5 EL Himbeermarmelade
15 Himbeeren

Den Backofen auf 180 °C vorheizen. Dann alle Zutaten für den Teig vermengen und einige Minuten kräftig rühren. Die Masse in eine Mini-Gugelhupf- oder Muffinform füllen und 15 Minuten backen. Vor dem Lösen aus der Form vollständig auskühlen lassen.

In die Vertiefung der Mini-Gugelhupfe etwas Himbeermarmelade geben und jeweils 1 Himbeere daraufsetzen.

Bräute trugen häufig Rosmarinkränze als Zeichen der Jungfräulichkeit und Reinheit. Auch die Römer und Griechen verehrten den Rosmarin, er stand für Liebe und Schönheit.

Ohne anlau
SCHMELZEN BEi 45
Kein VeR
KUVERTÜRE MUSS T
Gl

fen!
°C ~ NICHT HÖHER
GRaven
Bei 28°C über-
ziehen
MPERIERT WERDEN
uhu
anz for ever!

ergibt 40 Stück

Erdbeer-Rosen-Pralinen

Für die Pralinen
75 g Kokosöl
175 g Cashewkerne
160 g Erdbeeren
¾ TL Rosenwasser
175 g Puderzucker
100 g gemahlene Mandeln

300 g Zartbitterkuvertüre
10 g Rosenblüten

Die Cashewkerne mindestens 1 Stunde in Wasser einweichen.

Das Kokosöl schmelzen und leicht abkühlen lassen. Dann die Cashewkerne mit den Erdbeeren und dem Rosenwasser fein pürieren und das Ganze mit dem Kokosöl gut verkneten.

Den Puderzucker und die Mandeln hinzugeben und das Ganze 20 Minuten quellen lassen. Anschließend die Masse für 30 Minuten ins Tiefkühlfach geben. Aus der gut gekühlten Erdbeermasse etwa 40 Kügelchen rollen und diese weitere 20 Minuten tiefkühlen.

Für die Dekoration die Kuvertüre auf dem Wasserbad schmelzen.

Die gefrorenen Kugeln mit einer Pralinengabel in die Kuvertüre tauchen, sodass alle Seiten von Schokolade umhüllt sind, gut abtropfen und zum Auskühlen auf ein mit Folie oder Backpapier unterlegtes Kuchengitter setzen. Ist die Kuvertüre leicht fest, die Pralinen mit den Rosenblüten verzieren und bis zum Servieren im Kühlschrank aufbewahren.

ergibt 16 Stück

KOKOS-KUGELN

Für die Kugeln
250 g Walnüsse
400 g Datteln
3 EL Wasser
1 TL Zitronensaft
50 g Kokosraspel
7 TL Kakao

30 g Kokosraspel

Die Walnüsse in der Küchenmaschine mahlen und mit den Datteln, 50 g der Kokosraspeln, dem Kakao sowie 3 EL Wasser zu einem zähen Teig verkneten.

Mit feuchten Händen aus der Nussmasse etwa 16 Kugeln formen.

Zum Schluss in den übrigen Kokosraspeln wenden.

TRIPLE-SEC
COINTREAU

ergibt 40 Stück

Aprikosen-Orangen-Pralinen mit Cointreau

Für die Pralinen
25 g Kokosöl
200 g Aprikosen
8 EL Cointreau
Mark von 1 Vanilleschote
Saft und Abrieb von
1 unbehandelten Orange
80 g Puderzucker

300 g Zartbitterkuvertüre

10 g getrocknete Blüten

Das Kokosöl schmelzen und leicht abkühlen lassen. Dann die Aprikosen mit dem Kokosöl, dem Cointreau, dem Orangensaft und -abrieb und dem Vanillemark fein pürieren.

Den Puderzucker unterkneten, das Ganze 20 Minuten quellen lassen und anschließend für 30 Minuten ins Tiefkühlfach geben.

Aus der gut gekühlten Fruchtmasse etwa 40 Kügelchen rollen und diese weitere 30 Minuten tiefkühlen.

Für die Dekoration die Kuvertüre auf dem Wasserbad schmelzen.

Die gefrorenen Kugeln mit einer Pralinengabel in die Kuvertüre tauchen, sodass alle Seiten von Schokolade umhüllt sind, gut abtropfen und zum Auskühlen auf ein mit Folie oder Backpapier unterlegtes Kuchengitter setzen.

Ist die Kuvertüre leicht fest, die Pralinen mit den getrockneten Blütenblättern verzieren und bis zum Servieren im Kühlschrank aufbewahren.

Nicolas Tamagno zeichnete für Cointreau die Figur des Pierrot.
Dieser sollte 50 Jahre lang das Maskottchen des Unternehmens bleiben.

Glutenfrei | RAW

REAL
NATIVE
heal
RAW
NO HEATIN'
OVER 40°C
GOOD FATS
Love

TRY it!
alternate eating yeah
hy Living
MORE
PROTEINES
VITAMINES

ergibt 20 Stück

Erdbeer-Kokos-Cakepops

Für den Teig
200 g Erdbeeren
Abrieb von 1 unbehandelten Limette
1TL Limettensaft
150 g gemahlene Mandeln
90 g Zucker
75 g Kokosraspel

Für die Dekoration
125 g Kokosöl
2 EL Zucker
6 mitttelgroße Erbeeren
30 g Kokosraspel

20 Holzspieße

Für den Teig die Erdbeeren mit dem Limettensaft und -abrieb fein pürieren. Dann die Mandeln, den Zucker und die Kokosraspel untermengen und das Ganze 20 Minuten quellen lassen.

Mit feuchten Händen aus der Erdbeermasse etwa 20 Kugeln rollen, diese auf die Holzspieße stecken und für 30 Minuten ins Tiefkühlfach geben.

Für die Dekoration das Kokosöl schmelzen und leicht abkühlen lassen. Dann mit dem Zucker und den Erdbeeren pürieren.

Die gefrorenen Kugeln mit dem Stil in die Erdbeermasse tauchen, sodass alle Seiten umhüllt sind, gut abtropfen und mit den Kokosraspeln bestreuen, sodass alle Seiten umschlossen sind. Die Cakepops zum vollständigen Auskühlen in ein Stück Styropor oder Ähnliches stecken und bis zum Servieren im Kühlschrank aufbewahren.

Rohkost bedeutet streng genommen, keine Speisen zu sich zu nehem, die über 40 °C erhitzt wurden. Es fallen beispielsweise alle gegarten Lebensmittel und Backwaren weg, »Brot« oder Kräcker werden in der Rohkost über einen Niedertemperatur-Trockenprozess hergestellt.

ergibt 20 Stück

Aprikosen-Orangen-Cakepops

Für den Teig
150 g Mehl
3 EL Sojamehl
40 g gemahlene Mandeln
30 g Mohn
75 g Zucker
Mark von 1 Vanilleschote
Saft und Abrieb von
½ unbehandelten Orange
130 ml Sojamilch
3 EL Öl
¼ TL Kurkuma
1 Prise Salz
1 gehäufter TL Backpulver

250 g Aprikosenkonfitüre

Für die Dekoration
300 g Zartbitterkuvertüre
30 g gehackte Pistazien
30 g Zuckerstreusel
30 g Schokoladenstreusel

20 Holzspieße

Den Backofen auf 160 °C vorheizen. Dann alle Zutaten für den Teig vermengen und einige Minuten kräftig rühren. Die Masse in eine mit Backpapier ausgelegte Springform geben, 25 Minuten backen und anschließend zum Auskühlen auf ein Gitter stürzen.

Den ausgekühlten Boden fein zerkrümeln und in einer Schüssel mit der Aprikosenkonfitüre mischen. Aus der Aprikosen-Teig-Masse mit den Händen etwa 20 Kugeln rollen, diese auf die Holzspieße stecken und für 30 Minuten ins Tiefkühlfach geben.

Für die Dekoration die Kuvertüre auf dem Wasserbad schmelzen.

Die gefrorenen Kugeln mit dem Stil in die Kuvertüre tauchen, sodass alle Seiten von Schokolade umhüllt sind, gut abtropfen und mit den gehackten Pistazien, den Zucker- und den Schokoladenstreuseln verzieren. Die Cakepops zum vollständigen Auskühlen in ein Stück Styropor oder Ähnliches stecken und bis zum Servieren im Kühlschrank aufbewahren.

HAREMSKONFEKT
mazaban
später marzipan
matzapanen

ergibt 40 Stück

Pistazien-Marzipan-Pralinen

Für die Pralinen
25 g Kokosöl
175 g Marzipan
100 g Pistazien, gemahlen
30 g Pistazien, gehackt

300 g Zartbitterkuvertüre
30 g Pistazien, gehackt

Das Kokosöl schmelzen und leicht abkühlen lassen. Dann das Marzipan mit dem Kokosöl, den gemahlenen Pistazien und 3 EL Wasser gut verkneten.

Die gehackten Pistazien zur Marzipanmasse hinzufügen, das Ganze 20 Minuten quellen lassen, und anschließend für 30 Minuten ins Tiefkühlfach geben.

Aus der gut gekühlten Mandelmasse etwa 40 Kügelchen rollen und diese weitere 30 Minuten tiefkühlen.

Für die Dekoration die Kuvertüre auf dem Wasserbad schmelzen.

Die gefrorenen Kugeln mit einer Pralinengabel in die Kuvertüre tauchen, sodass alle Seiten von Schokolade umhüllt sind, gut abtropfen und zum Auskühlen auf ein mit Folie oder Backpapier unterlegtes Kuchengitter setzen. Ist die Kuvertüre leicht fest, die Pralinen mit den gehackten Pistazien verzieren und bis zum Servieren im Kühlschrank aufbewahren.

Marzipan gilt seit jeher als teures und wertvolles Lebensmittel. Die Kalifen ließen es sich schon als Haremskonfekt schmecken. Der Name stammt ursprünglich von »maztapanen« ab, dies war die Schachtel, in der wertvolle Trockenfrüchte und Delikatessen transportiert wurden. Mit Zeit wurde der Inhalt dieser Boxen »mazaban« genannt und nach und nach erlangte das Marzipan seinen Namen.

glutenfrei | RAW

GLÜCK

ergibt 40 Stück

Himbeer-Haselnuss-Pralinen

Für die Pralinen
75 g Kokosöl
150 g Himbeeren
200 g Haselnusskerne, gemahlen
Mark von 1 Vanilleschote
1 TL Zitronensaft
Abrieb von 1 unbehandelten Zitrone
100 g Zucker

300 g Zartbitterkuvertüre
30 g Haselnusskrokant
40 Haselnusskerne

Das Kokosöl schmelzen und leicht abkühlen lassen. Dann die Himbeeren pürieren und mit dem Kokosöl gut verkneten.

Die gemahlenen Haselnüsse, das Vanillemark, den Zitronensaft und -abrieb und den Zucker gut mit der Himbeermasse verkneten, das Ganze 20 Minuten quellen lassen anschließend für 30 Minuten ins Tiefkühlfach geben.

Aus der gut gekühlten Himbeer-Nuss-Masse etwa 40 Kügelchen rollen und diese weitere 30 Minuten tiefkühlen.

Für die Dekoration die Kuvertüre auf dem Wasserbad schmelzen. Die gefrorenen Kugeln mit einer Pralinengabel in die Kuvertüre tauchen, sodass alle Seiten von Schokolade umhüllt sind, gut abtropfen und zum Auskühlen auf ein mit Folie oder Backpapier unterlegtes Kuchengitter setzen. Ist die Kuvertüre leicht fest, die Pralinen mit Krokant und je einem Haselnusskern verzieren und bis zum Servieren im Kühlschrank aufbewahren.

Nüsse sind von jeher ein Symbol für Fruchtbarkeit und Glück. Daher wurden sie bei Hochzeiten dem Brautpaar mit auf den Weg gegeben.

glutenfrei | RAW

ergibt 16 Stück

RumKugeln

Für die Kugeln
2 Sternanis
3 Nelken
250 g Walnüsse
400 g Datteln
5 EL Rum
7 TL Kakao
2 TL Zimt

50 g Kakao

Den Sternanis und die Nelken in einem Mörser fein mahlen. Dann die Walnüsse im Mixer mahlen und die Datteln von den Kernen befreien. Alles in eine Schüssel geben und mit Rum, Kakao und Zimt gut verkneten.

Insgesamt etwa 16 Kugeln formen. Das geht am besten, wenn die Hände zwischendurch mit etwas Wasser angefeuchtet werden.

Zum Schluss die Rumkugeln im Kakao wenden.

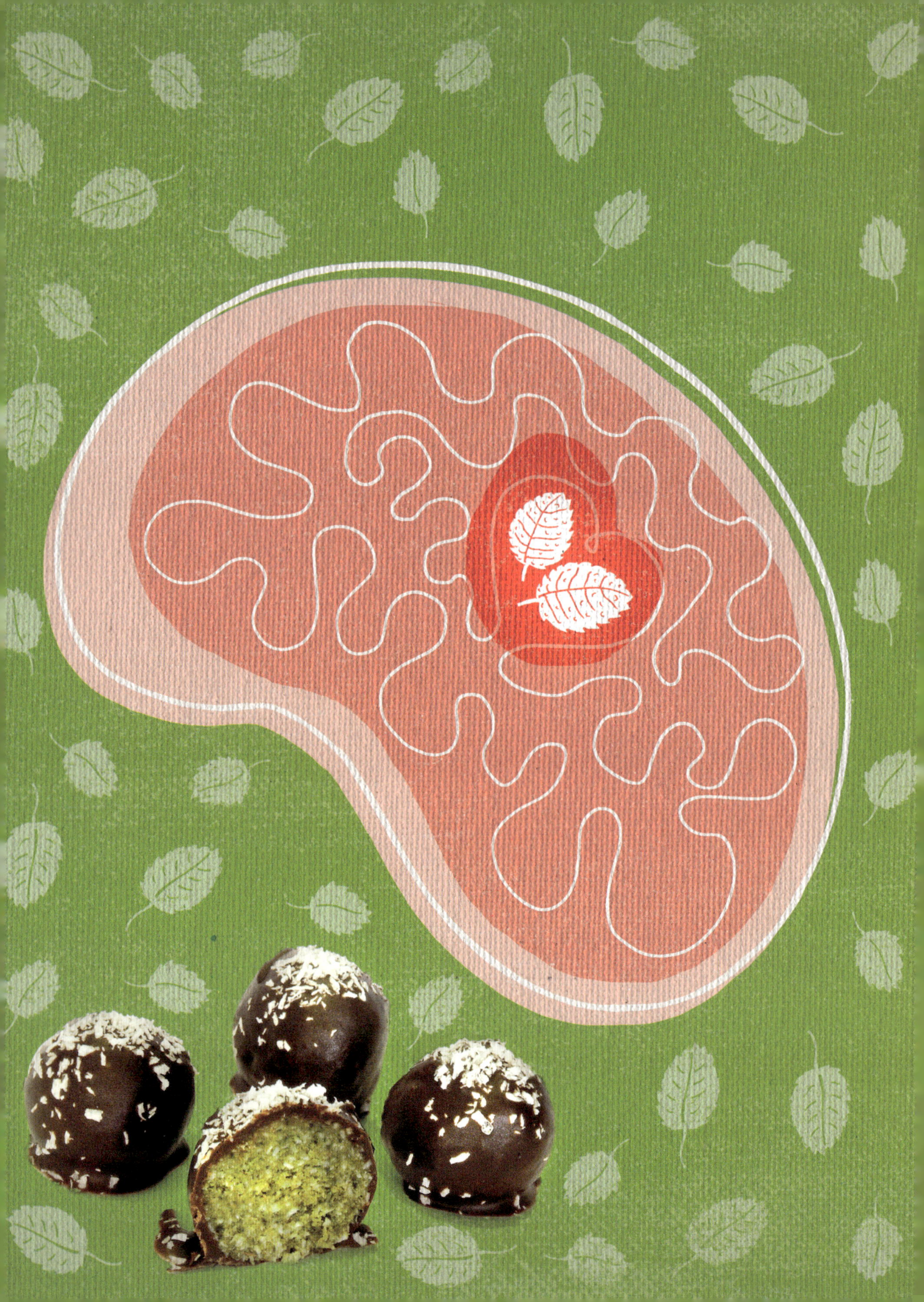

ergibt 40 Stück

Kokos-Minz-Pralinen

Für die Pralinen
75 g Kokosöl
30 g Minzblätter
125 g Kokosraspel
150 g Zucker

300 g Zartbitterkuvertüre
30 g Kokosraspel

Das Kokosöl schmelzen und leicht abkühlen lassen.

Die Minzblätter mit etwa 75 ml Wasser pürieren und mit dem Kokosöl, den Kokosraspeln und dem Zucker gut verkneten, das Ganze 20 Minuten quellen lassen, und anschließend für 30 Minuten ins Tiefkühlfach geben. Aus der gut gekühlten Kokos-Minz-Masse etwa 40 Kügelchen rollen und diese weitere 30 Minuten tiefkühlen.

Für die Dekoration die Kuvertüre auf dem Wasserbad schmelzen.

Die gefrorenen Kugeln mit einer Pralinengabel in die Kuvertüre tauchen, sodass alle Seiten von Schokolade umhüllt sind, gut abtropfen und zum Auskühlen auf ein mit Folie oder Backpapier unterlegtes Kuchengitter setzen.

Ist die Kuvertüre leicht fest, die Pralinen mit den Kokosraspeln verzieren und bis zum Servieren im Kühlschrank aufbewahren.

Minzöl soll bei Konzentrationsschwäche, geistiger Müdigkeit und Gedächtnisschwäche helfen, da es im Gehirn die Zentren des Mandelkerns und des Hippocampus stimuliert.

glutenfrei | RAW

Meat
is' klar nä!

Satt & Glücklich
sollt ihr sein!
miau

Register ...

SÜSS & GLUTENFREI

SWEET & »RAW«

Danke:
Pudel
Wurst
Laser
Dinkel-
acker
Kopassners
meinem
Hirn
Romeo
Dr.
Love
Herbie
Herb
Lina
Schnitzel
allen
tapferen
Essern
I ♥ you
all
CAFE
STELLA
Nycole
Hyatt
Annika ♥
Genning
+ Christian
Verlag
+ Franziska
Sorgenfrei
Schnipp schnapp "hihi"
VGN
DiY

10
KISS
THE
COOK

Ebenfalls erhältlich ...

ISBN 978-3-86244-180-8

ISBN 978-3-86244-499-1

ISBN 978-3-86244-300-0

ISBN 978-3-86244-131-0

mjam
mhmmm
miau
SUGAR
Yummy
Yeah
Sweets
Baby
Yummy
mhmmm
Baby
SUGAR
miau
Yeah
mjam
mhmmm
Yummy
Yeah
Yummy
miau
Sweets
Sweets
SUGAR
mjam
Yummy
Baby
miau
Yeah
Baby
Yeah
SUGAR
mhmmm
miau
SUGAR
Yummy
mjam
Baby
SUGAR
Sweets
Baby
Sweets
miau
Yeah